JN333406

# されど光はここにある

## 天災と人災を超えて

RYUHO OKAWA

大川隆法

# まえがき

東日本大震災から、まもなく満二年になる。

巨大地震や津波、放射能被害については、洪水の如き報道がなされたので、今さら多くを語るつもりはない。

私は、民主党国難政権と国民の不幸とに関係があることを、何度も繰り返し訴えたが、三年以上の歳月をかけてようやく認められて来つつある。

それにしても、この間《かん》、仏教を含む既成宗教が、あの世も魂の存在も信じていないのに慰霊祭《いれいさい》をやったり、被災民の心のケアにあたったりという行為を目にするにつけ、あきれてモノが言えない状態が続いた。さらに、反原発、脱原発運動

（左翼平和運動）に多くの宗教が巻き込まれているのを見て、あまりの無明《むみょう》の深さと、宗教の後進性にあきれはてた。

今、新しい希望に向かって、この国が変わりつつあることをうれしく思っている。

二〇一三年　三月二日

幸福《こうふく》の科学《かがく》グループ創始者兼総裁《そうししゃけんそうさい》　大川隆法《おおかわりゅうほう》

## されど光はここにある　目次

# 第2章　されど光はここにある

## 第3章　天国への導き

# 第4章　勇気からの出発

## 第5章　原発についての質疑応答

# 第1章

# 天災と人災

2011年6月4日　福島県・幸福の科学 福島支部にて

## 1 「マスコミ型民主主義の弱点」が出ている日本

福島のみなさん、こんにちは。

私は、先ほど新幹線の福島駅を降り、構内を歩いたあと、外を見ながら車に乗って、福島支部に来たのですが、「福島市内は、もう、福島第一原発事故の影響《えいきょう》で、とっくにゴーストタウンになっていないだろうか」と思ったら、みなさんもなんとか〝生きて〟いらっしゃいましたね（会場笑）。

今（二〇一一年六月当時）、〝風評被害《ひがい》〟という言葉が独《ひと》り歩きをしています。テレビと新聞だけを見ていると、「もう福島には人がいないのではないか。餌《えさ》をもらえない牛が、痩《や》せながら死んでいっているだけかな」という感じがしないわけでもなかったのですが、実際に来てみると、みなさんが生活をしているわけですね。

しかし、テレビのニュースなどは、みなさんの生活している姿をあまり映さず、いつまでたっても悪いところばかりを伝えています。これはマスコミの一つの癖《くせ》です。

今、「マスコミ型民主主義の弱点」そのものが強く出てきているようです。巨大《きょだい》な権力者や独裁者、圧政者が出てきているときには、「マスコミが、一生《いっしょう》懸命《けんめい》、いろいろな〝石《いし》つぶて〟を投げ、巨大権力を倒《たお》していく」ということが重要です。それは民主主義にとって非常に大事な機能なのです。

民衆を護《まも》るためには、そういう悪いところに、一生懸命、〝弾《たま》〟をぶつけ、倒していかなくてはなりません。それを大砲《たいほう》で倒すのではなく、小さな〝紙《かみ》つぶて〟で批判し、悪いところを指摘《してき》して直していくのです。

しかし、その〝紙つぶて〟が、国民それぞれの生活に関係することのほうに向けられたときには、国民生活に甚大《じんだい》な被害が出てくる場合があるのです。このへんが、気をつけなくてはいけないところです。

民主主義の一つの「陥穽《かんせい》」と言うと、言葉が難しくなりますが、今、民主主義は、「落とし穴」の部分にぶつかっているのではないでしょうか。そういう印象を私は受けています。

## 2 放射性物質に対して、どう考えるべきか

### 誰《だれ》もが「目に見えない放射能」を信じる不思議

本日の法話《ほうわ》には、「天災と人災」という題をつけてみました。

この福島支部では、東日本大震災《だいしんさい》の際、津波《つなみ》の被害《ひがい》に遭《あ》った所も一部ありますが、どちらかというと、目に見える具体的被害よりは、目に見えない被害のほうが大きいと思われます。

通常、「幽霊《ゆうれい》」や「あの世」については、何回言っても、なかなか信じてくれない人が多いのですが、「放射能」と聞くと、同じく目には見えないのに、それを誰《だれ》もが信じるので、私は放射能がうらやましくてしかたがありません。

「それを、どこで見たのですか。それが、どこにあるのか、教えてください。それに色でも付けてください。どれが放射性物質なのか、当てて、教えてくださ い」と言いたくなるのですが、見たこともないのに、それを誰もが信じるのです。

ところが、「人間は、死んでも、霊体《れいたい》になって生活しているんですよ」「あの世はあるんですよ」「神様、仏様は、目には見えないかもしれませんが、いるんですよ」と言っても、なかなか信じてもらえません。「迷信《めいしん》だ。騙《だま》されまい。詐欺《さぎ》にかからないようにしよう」と思われ、必死に抵抗《ていこう》されてしまうのです。

「こんな不公平が世の中にあってよいのか」と私は思います。「見えないもの」を信じないなら信じないで、徹底《てってい》的に信じないことにしたほうがよいと私は思うのです。信じるなら信じるで、何でも信じてほしいものです。若干《じゃっかん》、そういう〝不徹底〟を感じています。

多くの人々は、「悪いもの」なら、目に見えなくても、また、証拠《しょうこ》が残らなくても、信じるのです。

## アメリカの空港で「人間原子爆弾《ばくだん》か」と疑われた私

私は、去年（二〇一〇年）の十一月に「ブラジル巡錫《じゅんしゃく》」を行いましたが、日本からは直接ブラジルには行けないので、いったんアメリカ国内に入り、ダラスで乗り換《か》えて、ブラジルに向かいました。

　ただ、アメリカに入国したとき、係官のベルトに付いている、万歩計を少し大きくしたような機械が、私に対して反応し、赤いランプと青いランプが、ピコピコッ、ピコピコッと光ったのです。その係官は、「これを見ろ。機械が反応しているではないか。ちょっと来い」と言って、私は別室に連れていかれました。

　最初は、何が起きているのか、意味が分からず、「何をされるのだろう。裸《はだか》にでもされるのかな」と思い（会場笑）、一瞬《いっしゅん》、身構えました。「『爆弾《ばくだん》でも持っているのではないか』と疑われていて、それを調べられるのかな」と思ったのです。

　やがて、ピコピコッと光ったものは放射能の探知機で、それが私の体に反応したことが分かりました。ただ、どうして反応したのか、身に覚えがなく、「なぜだろう」と考えてみたら、次のことが思い浮《う》かびました。

　実は、日本を出発する十八日ぐらい前に、私は病院で検査を受けたのです。検査から出発まで、二週間は超《こ》えていましたが、二十日《はつか》はたっていなかったと思います。

海外に行くに当たり、体に悪いところがないかどうか、念のため、私は病院で一通り検査を受けたわけですが、なぜかというと、「ブラジルという国は、なかなか環境《かんきょう》が厳しそうだ」と思ったからです。

私は、「ブラジル巡錫」に対して、「不惜身命《ふしゃくしんみょう》」の覚悟《かくご》で臨《のぞ》みました。本当に、「死ぬ覚悟」さえ持って臨んだのです。

実は、ブラジルに関して少し知識が足りず、「アマゾンに行くようなものだ」と考えていたのですが、リオデジャネイロやサンパウロに行ってみたら大都市だったので、「ブラジルの人々には、たいへん申し訳なかった」と思っています。

出発前には、「アマゾン川をカヌーで遡《さかのぼ》りながら伝道するようなものか」と思い、「そのためには、あらゆる病気に耐《た》えなくてはいけない。いちおう、体の検査をしておこう」と思い立って、病院で調べてもらい、医師の了承《りょうしょう》を取ったのですが、そのときに使った検査薬のなかに、一部、放射性物質が入っていたのです。その放射性物質が入っていると、普通《ふつう》にレントゲン写真を撮《と》るよりも、毛細血管の隅々《すみずみ》までが克明《こくめい》に機械に映るため、血流の状態を調べるために、それを入れていたらしいのです。

ただ、私は、その説明を特に受けていませんでした。医師のほうも軽く考えていたのでしょう。そういう放射性物質は、体内に入っても、通常、一週間たつと、半分はなくなるのです。そして、二週間たつと、ほぼゼロになるはずなのです。

そのように何も問題はないので、病院側は気にしていませんでした。「海外に行く」と私は言ったのですが、「ああ、そうですか。では、元気に行ってらっしゃい」というような対応だったので、私は予定どおり出発したのです。

ところが、検査から十八日目ぐらいだったのに、私の体には、まだ、かすかに放射性物質が残っていたらしく、探知機に反応が出てしまいました。そのため、係官に、「アルカイダか何かの人間で、〝人間原子爆弾〟ではないか」と疑われたようです。「体内に放射性物質を飲み込《こ》み、アメリカを破壊《はかい》しに来たのではないか」と思われ、調べられたらしいのです。

## 病院の検査で使われた放射性物質は、やがて体外に排出《はいしゅつ》される

そのとき、日本は朝方だったのですが、私が検査を受けたのは大きな病院だったため、事情を説明できる人が病院内にいて、病院側の釈明書《しゃくめいしょ》をファックスで送ってくれました。幸いにも、英語の文章を書ける医師がいたらしく、「こういう事情で検査したとき、検査薬のなかに放射性物質が含《ふく》まれていたので、それがその機械に反応したのだと思う」という釈明書を、緊急《きんきゅう》に送ってきてくれたのです。

それを見せたところ、私は解放されましたが、それがなかったら、大変なことになるところでした。本当に、ひどい目に遭《あ》いました。

医学では放射性物質を使った検査を頻繁《ひんぱん》に実施《じっし》しているのですが、「どのくらい人体に影響《えいきょう》があるか」「いつ消えるか」ということについて、ろくに説明もしません。その程度の認識なのです。

ところが、福島第一原発事故が起こると、あちこちで、「この世の終わり」のような言い方をされるので、困ったものです。

みなさんは病院でエックス線による検査を受けることもあるでしょうが、人体への影響について、あまり気にしないでしょう。放射線は、微量《びりょう》であれば、全然、人体には影響がないのです。私の場合には、通常より、三、四日ぐらい長く残留していたため、探知機が反応したようですが、先ほど言ったように、だいたい一週間で半減し、二週間で、ほぼゼロになります。

今の日本人は、放射性物質について神経質になりすぎているようです。

「体内に永遠に残り、蓄積《ちくせき》されていくのではなく、一週間で半減し、どんどん消えていくものだ」ということを、どうぞ忘れないでいただきたいのです。

このへんのことを、マスコミは、ほとんど伝えていません。

これには、「マスコミには理科系出身の人があまりいない」ということも関係しているのかもしれませんが、理科系出身の人が多くいれば、生半可な知識で判断してしまい、逆に、もっと悪くなるのかもしれません。

いずれにしろ、マスコミは、放射性物質のことがよく分からないので、とにかく恐怖心《きょうふしん》を煽《あお》っています。

しかし、「放射性物質は、人体に吸収しても、消えていくのだ。食べ物を通して摂取《せっしゅ》しても、直接に放射線を受けても、それは、どんどん消えていき、やがて、なくなるのだ。だいたい二週間、長く見ても三週間たつと、もうゼロになるのだ」ということを覚えてほしいのです。

魚で食べても、肉で食べても、お米で食べても、放射性物質は体内で消えていきます。水田が放射能汚染《おせん》を受けていても、それは、しばらくすると、同じように消えていくのです。そういうものです。

この世のものは、みな、そうです。何であっても、「いつまでも効力があるもの」などありません。

「人体にとって、よい効能があるもの」でも同じです。薬も、冷蔵庫で冷やしておけば別ですが、いったん外に出すと、やがて効能がなくなってきます。一週間もすると変質してしまい、効かなくなるものもあります。同じなのです。

「諸行無常《しょぎょうむじょう》の理《り》」というものがあり、この世のものすべてを無力化していく力が働いているのです。

## 風評被害《ひがい》の実態は、マスコミによる「報道被害」

マスコミは、よく「風評被害《ひがい》」と言いますが、「風評被害」と言いつつも、言っている本人たちは、それが「報道被害」であることをよく知っているでしょう。そう私は見ています。ただ、彼らは、それを知っていても、「ここが稼《かせ》ぎどころだ」と思い、報道しまくっている面があると思うのです。

私は、こういう、「正義のふりをしながら、被害を与《あた》えていく」というやり方が好きではありません。

「風評被害」という言葉を、もし、「報道被害」という言葉に置き換えたら、その途端《とたん》に、報道している側《がわ》が賠償金《ばいしょうきん》を払《はら》わなくてはいけなくなります。そのため、マスコミは、その言葉を絶対に使いません。彼らは、このへんについては言葉遣《づか》いが〝上手〟です。

「風評被害」と言うと、「〝風《かぜ》〟が被害を起こしている」というか、「噂話《うわさ》が被害を起こしている」というイメージになりますが、今回は、明らかな「報道被害」です。

例えば、一カ月間、海外のメディアで東日本大震災の津波のシーンを流されたら、海外の人々に「刷り込み」が入り、日本中が津波に襲《おそ》われたように思われてしまいます。そうなると、日本人が外国に行って、「東京から来た」と言ったら、「まだ生きていたのか」と思われることになるでしょう。

そのため、私は、最近、あえて海外に行き、説法《せっぽう》をしているのです（注。二〇一一年五月下旬《げじゅん》、「フィリピン・香港《ホンコン》巡錫」を行った）。「あれ？　まだ、そんな余裕《よゆう》があるのか」と思って、あちらの人々は驚《おどろ》いていましたが、私は、説法のなかで、日本の震災被害の話などせず、堂々と、「あなたがたの生き方を改めなさい」という話をしていたので、聴衆《ちょうしゅう》はキョトンとし、驚いている様子でした。

私が福島に来て、「あら？　みなさん、まだ生きていたのですか」と感じるのと同じ現象が海外でも起きていて、海外の人は、「東京にいて、まだ生きていたのか」と思うようです。

その証拠に、海外からの東京への観光客は激減しています。大震災の起きた三月十一日までは、都内に山のように溢《あふ》れていた中国人観光客が、その後、全然、姿を見せなくなりました。新宿でも渋谷《しぶや》でも銀座でも、まったくいないのです。

かつて、銀座には、「何を投げても中国人に当たる」と言われるぐらい、中国人観光客が大勢いましたし、皇居周辺も中国人だらけでした。そこには警備の警官が立っていますが、中国語を話せないので、ただ立っているだけでした。そして、中国人観光客は皇居周辺の写真を撮りまくっていたのですが、震災後には、彼らは、まったくいなくなりました。放射能が怖《こわ》くて、逃《に》げているのです。

そのように、「報道被害」、ないしは「報道想像被害」が、今、そうとう広がっています。この現実を知らなければいけません。

## 今、日本は原発技術で世界の最先端《さいせんたん》に立とうとしている

どうか、放射性物質を、そんなに気にしないでいただきたいのです。
もちろん、原子爆弾が爆発して、直接、被爆したのなら、体が焼けて大変でしょう。爆発の際に何万度もの熱が出るから、そうなるのですが、そういう場合は別として、今回の事故で放射性物質から出ている放射線であれば、やがて消えていくので、どうか、そんなに気にしないでください。

しかも、今、東京電力の社員等は、日夜、事故対策を行っているわけであり、毎日毎日、彼らは賢《かしこ》くなっています。前例がないことを行っているため、不安で、しかたがないでしょうが、前例がないことに挑《いど》むケースは世の中に数多くありますし、これが先例になって、「次のときには、どうしたらよいか」という対策が立つのです。そういうことはたくさんあります。

そのため、ある意味では、今、日本は、原子力発電技術において、世界の最先《さいせん》端《たん》に立とうとしているところなのです。経験がないことについては、よく分からないのですが、これを契機《けいき》にして、「どのように対応していけばよいか」というノウハウを確立することができれば、日本の原発技術は世界の最先端に立ちます。

マスコミ等が、原発事故に対して、「知らぬ存ぜぬ」で済ませるのではなく、大騒《おおさわ》ぎしていることには、逆に、よかった面もあります。先ほど、「報道被害が出ている」とも言いましたが、大騒ぎをし、事故を丸見えにしてしまった結果、何とかしなくてはいけなくなり、最後の後始末《あとしまつ》の部分までを国民に見せなくてはいけなくなっているのです。

この解決能力を身につけたら、日本は世界最先端の原発技術を身につけることができるようになると思います。

## シルクロードの放射性物質は、黄砂《こうさ》と共に日本に飛来していた

実は、日本以外の国でも原発事故は数多く起きているようですけれども、その国の政府が報道管制を敷《し》いてしまうので、外からは分かりません。

渡部昇一《わたなべしょういち》氏が、ご自身で発行しているニュースレターに書いていましたが、中国は、近隣《きんりん》の国を奪《うば》って自治区にしてしまうと、そこに原子力発電所をつくります。中国の以前からの領域内で事故が起きないように、自治区にした所につくるわけです。そして、中国では、実際に原子力発電所の事故が何度も起きているようなのですが、それを報道しないため、外部からは分からないのです。

また、シルクロードには日本人観光客も数多く訪れていますけれども、あの辺りは、中国の地上核《かく》実験の影響もあって、〝放射能だらけ〟のようです。それを知らない人たちが観光に行き、「これは仏教が伝来した道だ」などと言って、写

真を撮りながら歩いているのですが、実は、知らないうちに放射線をたくさん浴びているのです。

さらに、春になると、偏西風《へんせいふう》に乗って、中国から、「黄砂《こうさ》」という黄色い砂が飛来します。ただ、黄砂だけが日本に来ているわけではなく、放射性物質も黄砂と一緒《いっしょ》に大量に飛んできており、日本人は、毎年、それを浴びています。すでに大量の放射線を浴びているわけですが、その事実を知らないから、日本人は機嫌《きげん》よく生きているのです。

「知らない」というのは本当に気楽なことです。幽霊も、その存在を信じていない人にとっては全然怖くありませんが、その存在を信じていたら、後ろで足音がしただけで、「おっ！　幽霊がいるかもしれない」などと思い、怖くなるようなところがあるでしょう。

このように、他国でも、実際には、いろいろと放射能汚染や被害があるのですが、それを発表しないのです。ロシアや中国、北朝鮮《きたちょうせん》では、原子力関連で事故が起きている可能性はあるものの、発表されないので、外部からは分かりません。ただ、他国でも事故が起きてはいるようです。

しかし、先ほども述べたように、放射線は、微量の場合には、人体に、それほど大きな影響を及《およ》ぼしません。「微量であれば、むしろプラスに働き、体が元気になる」という説もあるぐらいなので、放射線を恐《おそ》れすぎてはいけないのです。

マスコミ等も、放射能汚染について、あまりにも恐怖心を煽ることにより、日本国民に、もう一度、「刷り込み」を与えてはなりません。

日本は、今、原爆や核ミサイル等で武装した国に取り囲まれているので、国民が放射能汚染に関する恐怖心を持ちすぎると、そういう国の脅迫《きょうはく》のような言動に、ものすごく過敏《かびん》に反応するようになります。

日本人が、現在以上に、それを怖がるようになれば、「核ミサイルを落としたら、このようになるぞ」と言って、他国が日本を脅《おど》せるので、あまり敏感になりすぎないほうがよいと私は思います。

## 3 「増税」「脱《だつ》原発」で景気はもっと悪くなる

### 震災《しんさい》を契機《けいき》に増税をすると、ＧＤＰ（国内総生産）が落ち込《こ》む

今回の原発事故で、福島のみなさんは、狼狽《ろうばい》し、被害《ひがい》も受けたように見えます。また、菅《かん》政権（当時）によって悪者にされてはいますが、東京電力も、地震《じしん》・津波《つなみ》の被害者であり、そうとうな損害を受けました。そして、国営化されようとしています（注。二〇一二年七月、原子力損害賠償支援《ばいしょうしえん》機構が五十パーセント以上の議決権を取得し、東京電力は実質的に国有化された）。

さすがは左翼《さよく》政権です。東京電力が国営企業《きぎょう》になろうとしているわけですが、これは民営化の流れには反しています。

また、「地方分権」など、まったくの嘘《うそ》で、何も機能していません。

それから、政府は、今回の地震や津波を契機《けいき》として、増税に入ってしまおうとしています。福島県や東北何県かの沿岸地域の方々の被災を理由に、これで増税をかけようとしているのです（注。二〇一一年十一月に「復興財源確保法」等が成立し、所得税や法人税に対し、いわゆる「復興増税」が行われることになった）。

さらに、政府は、十パーセントから最大で二十パーセントぐらいにまで、消費税率を引き上げようとしているのです（注。二〇一二年八月、消費税率を二段階に分けて引き上げる法案が可決された）。

しかし、今、日本ではＧＤＰ（国内総生産）が落ち込《こ》んでいます。

最近は年間ベースに換算《かんさん》すると数パーセントのマイナスですが（二〇一一年六月当時）、今後、もっと下がっていく可能性はあります。発電量が落とされているので、いろいろな製品の生産量や消費量がかなり下がると思われます。

そのため、企業の売り上げが落ち、企業や家計の収入も減ってくるので、増税をかけられたら、景気はもっと悪くなるはずです。

今の日本経済は悪循環《あくじゅんかん》を繰《く》り返しているように思います。

## 原発を止《と》めると電気料金が上がり、さらなる国難が起きる

福島県の人々にとって、唯一《ゆいいつ》、今回の出来事でよかったことは、「福島県が東京都に電力を供給していた」と国民に知ってもらえたことでしょう。

福島第一原発の事故以降、東京都は〝節電の嵐《あらし》〟でした。「節電、節電」と言われ、電気を消すことが推奨《すいしょう》されたため、商店等は営業時間を短縮しましたし、

駅など照明の一部だけを消せないところでは、電球を半分ほど抜《ぬ》き取って、照明がつかないようにしたりしています。

東京電力は、「東京電力」と称《しょう》しながら、東京都内で使う電力を、都内では、まったくと言ってよいほど発電しておらず、福島県など他の県で発電していました。それが今回の事故でよく分かったのです。そういう意味での発見はあったと思います。

昨日《きのう》（二〇一一年六月三日）、私は都内の街を歩いてみましたが、商店は、まだ節電をしていました。本来の営業時間が「午前十一時から夜の〇時まで」の店に行ってみたところ、開店が「昼の十二時から」になっていたので、「なぜ十一時から開店しないの？」と訊《き》いたら、「節電のため」と言っていました。まだ原発事故の影響《えいきょう》は残っているのです。

そして、今は原子力発電所の廃止《はいし》運動も起きています。

政府は中部電力に浜岡《はまおか》原発を停止させました。このあと、原発の稼動《かどう》停止が全国に拡大するおそれもあります（注。福島第一原発の事故を受け、その後、国内の商業用原発五十基は、すべて稼働を停止した。二〇一二年七月、関西電力の二基の再稼働が決定したが、他の四十八基については、二〇一三年二月末現在、再稼働は決定されていない）。

菅総理（当時）は、「大震災からの復興に一定のめどがついた段階で、総理を辞《や》める」と言いましたが、あれは、「いずれは辞める」という意味であり、任期切れまで、可能な限り居座《いすわ》るつもりでしょう。"九尾《きゅうび》のキツネ"並みのずるさで振《ふ》る舞《ま》っているため、政界では、「詐欺《さぎ》」「ペテン」などという言葉が飛び交《か》っています（注。菅総理は、この説法《せっぽう》の二日前、二〇一一年六月二日に辞任の意向を表明したが、結局、同年九月二日まで総理を務めた）。

彼に総理を長く務められると、日本の原発が全部なくなる可能性があるので、心配しています。震災前、日本の発電量の三十パーセント近くは原発だったのですが、原発は他の発電方法に比べコストが安いのです。

日本の電気料金は、アメリカや中国、韓国《かんこく》に比べれば二倍ぐらいであり、とても高いのですが、「原発をやめ、火力発電に戻《もど》す」ということになると、もっと電気代が高くなります。

その結果、自動車の製造をはじめ、電気を大量に使っている工場等では、製品の製造コストが上がります。そうなると、外国の会社との価格競争の面で非常に厳しくなり、物が売れなくなることが加速されるおそれがあるのです。

それから、中近東の原油を日本に輸入する際、タンカーは台湾沖《たいわんおき》を通りますが、その周辺では、今、中国の海軍がどんどん増強されています。

私は、先月、フィリピンで講演してきたのですが（二〇一一年五月二十一日の英語説法"Love《ラブ》 and《アンド》 Spiritual《スピリチュアル》 Power《パワー》"〔愛と霊界《れいかい》の秘術〕）、私がフィリピンに行っていたときには、ちょうど、南沙《なんさ》諸島に中国の海軍がかなり進出していて、フィリピンと揉《も》めていました。南沙諸島は、フィリピンが隙《すき》を見せた途端《とたん》、中国に取られそうになっていたのです。

それで、私は、フィリピンにエールを送り、「フィリピンと日本は仲良くなろう。フィリピンは日本やアメリカに協力すべきである。日・米・フィリピンで頑《がん》張《ば》ろう」というような話をしてきたのです。

私がフィリピンから帰ってくると、今度は、「ベトナムの石油探査船のケーブルが中国漁船に切られる」という事件があり、ベトナムと中国の間にも、領海をめぐってトラブルが起きました。

今、中国の海軍力はかなり増強されているので、日本が、「海上輸送によって原油を輸入し、それで火力発電を行う」という考えであれば、〝国難パート2〟が起きてくる可能性は極《きわ》めて高いと言えます。それは、もう目に見えている感じなのです。

## 4 「暗黒思想」に負けず、「光明《こうみょう》思念」を発信せよ

### もっと地球全体に「光」が欲《ほ》しい

今回の原発事故は、日本にとって、厳しい試練ではあります。

また、今、地球全体を見ると、残念ながら、幸福の科学の力が及《およ》んでおらず、「死神《しにがみ》、やや強し」という印象を受けないわけではありません。

日本では、地震《じしん》と津波《つなみ》、原発問題等がありましたが、アメリカでは、ここ数十年では最大級の竜巻《たつまき》が起き、死者が百数十人も出ました。珍《めずら》しく西部ではなく東側で竜巻が起き、川の水を吸い上げているところが報道されていたのです。

一方、中国では、今、干ばつが起きています。中国第二の湖でも、水量が大幅《おおはば》に減り、その一部はカラカラに干上《ひあ》がってしまいました。そこには、もう水がありません。このままでは、農業もできなければ、飲料水も工業用水もなくなってしまいます。これだと、それなりに厳しい問題が起きてきます。

それから、ドイツでは、キュウリが新しい病気を〝発明〟したようで、「キュウリを食べると死ぬ」というような騒《さわ》ぎが起きています。実に困った話で、「そんな話があってよいのか」と私は思うのですが、これも風評被害《ひがい》でしょう。「O104」という病原性大腸菌《だいちょうきん》が発生したらしく、それで死んだ人が大勢いるのです（注。その後、感染源はキュウリではないことが判明した）。

日本には牛の生肉を食べて死んだ人もいますが、ドイツでは、そういう事件が起きています。

さらに、アフリカでは、カダフィのリビアで内戦が続いていますし（注。その後、二〇一一年十月、カダフィは殺害された）、イエメンでは大統領府が砲撃《ほうげき》され、大統領（サーレハ大統領）が負傷しました（注。二〇一一年六月三日に発生。サーレハ大統領は、翌年二月、副大統領に権限を委譲《いじょう》した）。

イスラム圏《けん》では、ほかの国でも革命が起きています。

そのように、今、あちこちの国で政府がグラグラしており、地球上を暗い想念が覆《おお》ってきているような印象を受けないわけではないのですが、ここで、そんなものに負けては相成りません。そんな簡単に、暗黒世界のほうへと入っていくわけにはいかないのです。

物事は、ものの見方次第《しだい》です。

先ほども述べましたが、「『放射能はあるけれども、幽霊《ゆうれい》はない』と思うのは、やはり不公平だ。目に見えないからといって、霊が存在しないわけではないのだ」と言うことは可能でしょう。こういう伝道の仕方もあるかもしれません。

放射性物質も、探知機でも使わない限り、その存在は分かりませんが、そんなものを怖《こわ》がったりする人は、他のものに対しても怖がるものです。

しかし、もう少し「光」が欲《ほ》しいのです。地球全体に「光」が欲しいのです。どうか、〝自家発電〟で、暗い想念を出したり、未来を暗黒に考えたり、周りが全部悪くなっていくような妄想《もうそう》を広げたりすることは、慎《つつし》んでいただきたいと思います。

「風評被害」と言われるものは、かなりの部分が、実は「報道被害」です。そのことを、当会は、かなり言ってきているので、その事実にはマスコミも気づきつつあるのです。

## 私の説法《せっぽう》が発端《ほったん》となって起きた倒閣《とうかく》運動

今年（二〇一一年）の五月八日《ようか》に、私は、宇都宮《うつのみや》の総本山・正心館《しょうしんかん》で、「破邪《はじゃ》顕正《けんしょう》」という説法《せっぽう》をしたのですが（『政治と宗教の大統合』〔幸福の科学出版刊〕に所収）、そのなかで、菅《かん》政権に対し、「即刻《そっこく》、退陣《たいじん》せよ！」と厳しく迫《せま》りました。

その説法の内容を取り上げた「幸福実現NEWS《ニュース》」（幸福実現党発行の機関紙）は、全国から注文が殺到《さっとう》したため、四百万部という、毎日新聞並みの発行部数になりました。また、それを配ったところ、倒閣《とうかく》運動が起き、菅総理の辞任意向表明にまで至る、今回の大騒動《そうどう》につながったのです。

この倒閣運動は、五月八日の私の説法「破邪顕正」あたりが〝仕掛《しか》け人〟です。そのあと、当会はデモを行《おこな》ったりしましたが、それには、ほかの野党も追随《ついずい》してきました。そういう運動を仕掛けたものの、菅総理は、まだ粘《ねば》っています。

ただ、菅総理の後任については予想がつきませんし、総理の交代で政治がよくなる保証もありません。「菅総理が辞《や》めたからといって、次の総理が、もっとよい政治を行うかどうか、分からない」ということが、今回の倒閣運動の一つの弱点でもあります。

ただ、「一国のトップの影響《えいきょう》は大きい」ということは間違《まちが》いないのです。

民主党政権が行ったことは、結果的に、次々と裏目に出ています。外交問題から始まって、つまずきは、ずっと続いています。

民主党は「政治主導」と言っていましたが、それも、今回の原発問題においては裏目に出たような印象を受けます。菅総理をはじめ、政府が余計なことをして、混乱を助長し、問題を大きくしたように見えるのです。

東京電力には、政府が黙《だま》っていてくれたら、もう少し早く事故を処理できた可能性があるのですが、政府が口を挟《はさ》み、いろいろなことを言ったため、訳が分からなくなったところがあります。

そのため、「政治主導」の正体がバレてしまいました。

やはり、政権交代においては、「前政権とは反対のことをやればよい」というものではないのです。前政権の行っていたことであっても、ある程度、成果のあることについては、それを引き続き行い、その上で、さらに改善していくことが大事です。「正反対のことさえやれば、すべてがよくなる」というわけではありません。そのことを知らなければいけないと思います。

今、幸福実現党も、「現実の政治勢力」の一部になっているので、「マスコミ的に、いろいろな意見を言うだけ」の状態よりは力を持っています。

先の統一地方選挙（二〇一一年四月十日および二十四日の投票）では、幸福の科学の信者の立候補者たちを半々に分け、「幸福実現党」と「無所属」とで、それぞれ出馬させたところ、無所属の候補者は半数ぐらい当選しました。実は、地方議員には、事実上の幸福実現党員（幸福の科学の信者）は数多くいるのです。

ただ、幸福実現党自体は、「宗教政党には票を入れない」という風評被害を、いまだに受けています。これを、なくさなくてはいけません。同じレベルの能力の人が、無所属で立候補すると当選するのに、幸福実現党として立候補すると、「宗教だ」と思われ、票を入れてもらえないような面があるので、世の中をコントロールするというのも、なかなか難しいものだと感じます。

## 「神の光、仏の光に護《まも》られている自分」を思い描《えが》け

今回の原発事故では世界が福島に注目しましたし、日本の国内でも福島は注目されている状態なので、逆に、「福島の人たちは、今後、どういう生き方をしていくか」ということが、日本国民や世界の人々の大きな手本になるだろうと私は思います。「この段階から、どのように問題に対処していくか」というところが、見物《みもの》というか、他の人々にとっても勉強材料になるでしょう。

要するに、福島のみなさんは、「今回の問題に、どのように対応し、立ち上がっていくか」ということを問われているのです。

「空想」で被害を膨《ふく》らませることは、よくありません。通常、それを「病気」と言うのでしょう。普通《ふつう》の人の場合、そうはならないのですが、病院に行くと、空想や妄想で被害を大きくしている人は大勢います。

特に、今回のような事件があると、そのようになる人が数多くいます。そういう人は、いろいろと知りたがりすぎて、被害を大きく感じてしまうのです。

放射性物質の影響については、心配な面もあるかとは思いますが、同じように、目に見えないものを信じるのであれば、どうか、「神の力だってあるのだ」ということを信じてください。みなさんは、神の力、仏の力が、どのくらい強いか、まだ、ご存じないかもしれませんが、「神の力、仏の力だってあるのだ。神の光、仏の光もあるのだ」ということを信じていただきたいのです。

もし、「放射線を浴びて、自分の体は悪くなっている」と考えている人がいるのでしたら、逆に、「神の光、仏の光が自分に流れ入《い》って、神の光、仏の光に自分は満たされている」と考えてください。そして、「いつも神や仏に護《まも》られていて、テカテカに光り輝《かがや》いている自分」というものを、心に思い描《えが》いてください。そうすれば、実際に天上界《てんじょうかい》から光が入ってきます。

「神の光」というものは創造のエネルギーです。宇宙のすべてのものは、もともと、ここから出ているのです。ウランだろうと何だろうと、この外にあるものではなく、すべての創造のエネルギーは、ここに存在するのです。

したがって、これより強いものはありません。

この「神の光」が凝縮《ぎょうしゅく》して物質ができているのであり、あらゆるものは、ただ、その変化形であって、その違いは種類の違いにしかすぎないのです。元は、「ここ」なのです。

これに対し、「自分を防衛する側に回れ！」と命じることが大事です。

私は信仰者《しんこうじゃ》である。信仰を持っている人間である。

神の光よ。仏の光よ。根本仏《こんぽんぶつ》の光よ。

どうか、地上での私の使命が終わるまで、私を防衛する側に回りたまえ。

あらゆる、悪なる物質、ダークマター、暗黒物質を、私から遠ざけたまえ。

一切《いっさい》の邪悪なるものを、私から切り離《はな》し、追い出したまえ。


こういうことを、心に強く思念していただきたいのです。

神の光、仏の光は、地上の人間がつくったものぐらいに敗れたりしません。

「信仰のもと」から見れば、すべてのものは、生物から無生物まで、全部が「光」から出来上がっているのです。それは、私の著書に書いてあるとおりです。

人体の構造も建物の構造もそうですが、ギッシリと中身が詰《つ》まっているように見えても、拡大して見てみると、中身は本当にスカスカです。

例えば、東京ドームのなかで、マウンドの所に置かれた一個の野球ボールのようなものを「原子核《かく》」だとすれば、東京ドームの外側を回っているのが「電子」です。このくらいスカスカなもので、さまざまな原子は出来上がっており、それらの原子が集まって分子が出来上がり、その分子が集まって、いろいろな物質が出来上がっているのです。

大宇宙には星が散らばっているでしょう。

夜空を見ていると、星が点在しており、宇宙は隙間《すきま》だらけでしょう。

実は、私たちの体も建物も、みな、本当は、あのように隙間だらけであり、その隙間を、いろいろなものが通過したりしているのです。

今、私は演壇《えんだん》に立っていますが、ここに、こうして立っているだけで、宇宙から来ている、さまざまな放射線や光線、宇宙線などが、体のなかを数多く通過しています。しかし、今言ったように、体はスカスカなので、そういったものに、全然、影響されません。

そういう状態なので、みなさんは人間観を変えたほうがよいのです。

そして、「根本なる光よ。どうか、われわれを護りたまえ。われわれを守護したまえ」という気持ちや、「われわれの繁栄《はんえい》を導きたまえ」という気持ちを常に持ち、活動していってください。

## 「わが使命終わるまで、命尽《いのちつ》きることなし」と考えよ

阪神《はんしん》・淡路《あわじ》大震災のあと、神戸《こうべ》の街は、ものすごく悲惨《ひさん》な状況《じょうきょう》でしたが、震災発生から三年後には、ピカピカの街に変わっていました。あれほどの被害を受け、「もう復興は不可能ではないか」と思われた面もあったのに、見事に立ち直ったのです。

今回の震災では、東北地方には、まだ建物もそうとう残っています。

むしろ、「心のなかに恐怖心《きょうふしん》が生まれた」という被害のほうが大きかったように思うので、心も立て直さなければいけないと私は思います。

特に、この福島の地には、支部活動等を見ても、「仏法真理《ぶっぽうしんり》がまだ十分に入り切っていない」という印象を受けます。支部の建物も、まだ、自前の精舎《しょうじゃ》ではなくレンタルです。これでは駄目《だめ》です。仏法真理の広がりが足りていないのは明らかです。

当会は、もっとガッシリとした宗教にならなくてはいけません。

「国の政治を正す」という活動は、今後も、別途《べっと》、行っていくつもりではありますが、宗教的な方面においては、やはり、人々の幸福を実現していきたいと考えています。

そのために、信仰ある者に対しては、「強くあってほしい」と思いますし、また、「勇気を持ってほしい」と思います。

私が現実に見に来なければ、みなさんが生きているかどうか、分からないような状況では、本当に心もとないのです。

どうか、もう、へそを曲げて、「世の中が『暗黒思想』に包まれているのであれば、それとは正反対のものを発信しなければ駄目だ。やはり、『光明思念《こうみょうしねん》』を発信しなければならない。逆に、福島から日本や世界を照らすぞ」というぐらいの気持ちを持っていただきたいと思います。

そして、「神の光、仏の光は、津波を半分に割るだけではないのだ。そんなことだけではなく、放射性物質の粒《つぶ》をはじき飛ばすぐらいの力はあるのだ」ということを信じていただきたいのです。

人生は有限ではありますが、「わが使命終わるまで、命尽《いのちつ》きることなし。この使命を全うするまで、自分の寿命《じゅみょう》や健康は護られるべきだ」と強く念《おも》うことが大事なのです。

## どのような環境《かんきょう》下においても「幸福」は得られる

大きな目で見る必要のある、「政治・経済的なこと」について、当会は、これからも、たくさん意見を言っていくつもりです。それはそれで行わなくてはいけないことなので、行っていきます。

ただ、個人としては、「自分の幸・不幸を他人に委《ゆだ》ねないことが大事である」という基本原則を知っておいてください。「他人の力によって自分の幸・不幸が左右されている」という考えに支配されないでください。

今、与《あた》えられている環境《かんきょう》のなかで、自分を最善に導く方法を、自分で発明し、実践《じっせん》することが大事です。

どのような環境下においても、幸福は得られるものなのです。

例えば、放射能汚染《おせん》のことで、日夜、悩《なや》んでいたとしても、あるいは、「震災後、会社の売り上げが落ちた」などと思って悩んでいたとしても、「それによって現実に死んだ人が何万人も出たわけでもない」ということだけでも、ありがたい話です。

今回の原発事故で、「人体に被害が出るかどうか」ということについては、これから、ゆっくりと検証されていく面もあるでしょう。

医学的な統計を取るために、ある意味では、人々をモルモット代わりにし、「このあと、どのくらいの人が病気になり、どのくらいの人が死ぬか」というようなことを見ている人たちがいるのも分かってはいます。

ただ、それは他人《ひと》が勝手に行うことであり、「自分が統計の一部に入れられるかどうか」というのは、どうでもよいことです。そんなことで自分の生き方を暗くせず、建設的な生き方をすることが大事です。

みなさんが一日も早く通常の生活に戻《もど》っていくことを、お勧《すす》めいたします。そして、通常の考え方を実践していただきたいと思います。

# 第2章

# されど光はここにある

2012年3月11日　宮城県・幸福の科学 日本再建祈念館にて

## 1　東日本大震災《だいしんさい》を振《ふ》り返る

今日（二〇一二年三月十一日）は、先の東日本大震災《だいしんさい》から、ちょうど一年がたった日で、東北をはじめ、日本各地で、さまざまな追悼《ついとう》行事が行われていると思います。

私も、その当日に、仙台《せんだい》の地に入ることができ、また、この日本再建祈念館《きねんかん》（幸福の科学の施設《しせつ》の一つ。二〇一一年十月三十日落慶《らっけい》）も、すでに何とか使える状態になっており、たいへん、うれしく思っています。

仙台正心館《しょうしんかん》のほうは、落慶を急ぎましたけれども、今回の説法《せっぽう》には間に合わず、夏ごろの完成になります。しかし、「鎮魂《ちんこん》の念《おも》い」を込《こ》め、「東北の人々の希望の灯台」として、いち早く建てることを決めましたので、その私の気持ちをお汲《く》み取りくだされば幸いです（二〇一二年七月十五日落慶）。

今日は、日本のマスコミや海外のメディア等も、さまざまな報道をしているでしょうし、震災が発生した午後の時間帯には特に多いだろうと思います。ただ、報道機関と同じようなことを述べたのでは、当会の存在意義がありませんから、やや宗教的側面からのアプローチを強めつつ、振《ふ》り返って考えてみたいと思います。

まず、一年前の震災は、マグニチュード９・０という非常に巨大《きょだい》なもので、死者は一万五千人を超《こ》え、また行方《ゆくえ》不明者が三千人ぐらいですから、おそらく二万人ほどの方が亡《な》くなられたと推定されます。

これは、小さな戦争並みの規模の被害《ひがい》でしょう。

この一週間ぐらいは、テレビ等で被災時の映像が繰《く》り返し流されていたため、私にも、思いを新たにするところがありました。特に東北地方を中心に大きな被害が出ましたが、みなさんの身内や親族、あるいは、お知り合いには、今も悲しみを感じておられる方が数多いことと存じます。

## 2 仏教の原点とは何か

### 「諸行無常《しょぎょうむじょう》」――この世のものは、すべて変転のなかにある

ただ、私は、「かたちは少し違《ちが》うものの、『津波《つなみ》』を『洪水《こうずい》』と置き換《か》えれば、この震災《しんさい》にも『仏教の原点』のようなところがある」という考えを深めています。

というのも、仏教の生まれたインドでは、雨季になると、ガンジス河が増水して氾濫《はんらん》し、海のようになるのですが、そうなると、ガンジス河の土を乾燥《かんそう》させて

つくった当時の家などは、簡単に流されてしまいます。人が家ごと流されてしまうようなことが、数多くあったのです。

そういうことが、仏教の旗印である三法印《さんぼういん》の一つ、「諸行無常《しょぎょうむじょう》」という言葉に集約されています。

この世というのは、常ならざるものである。

誰《だれ》もが、「そのままの姿で、とどめおきたい」「そのままの姿であり続けることが幸福である」と思い、「時間よ、止まれ」と願っているにもかかわらず、

それは、虚《むな》しくも変転し、変化し、同じ状況《じょうきょう》を続けることはできない。

親しかった親子、夫婦《ふうふ》、きょうだい、親戚《しんせき》の仲等も、思わず知らず、

ある日突然《とつぜん》に、失われていくこともある。
また、「わが住みか」と思っていたところが、
あっという間に水に呑《の》まれて沈《しず》んでいくこともある。

「そういうことも『仏教の原点』であった」ということを知ってください。「何一つ常なるものはない」「この世のものは、すべて変化・変転のなかにあり、あるものは生まれ、あるものは壊《こわ》れてゆく」ということです。

## 「いかに生き、いかに死ぬか」を説いたソクラテス

一年前の津波や地震等を経験した方々も感じられたでしょうが、ある日、突然に、この世を去らなければならないこともあります。それは、非常に残念なことですけれども、仏教の根本《こんぽん》には、「ある日、突然に、この世を去ることになって

も困らないような生き方をせよ」という教えがあるわけです。

それは、哲学《てつがく》においても同じです。哲学の祖であるソクラテスは、「哲学とは『死の技術』である。『いかに死ぬか』という技術を教えるのが哲学だ」というようなことを言っています。もちろん、これは、あの世の世界が存在することを前提にしての話ではありますが、言葉を換えれば、「『残された命を、いかに生き切るか』ということが哲学の技術なのだ」と言っているわけです。

そのように、仏教では、「諸行無常」、すなわち、「すべてのものが、変化・変転していき、やむことがない」と教えています。


「諸法無我《しょほうむが》」——この世に実体のあるものはない

また、三法印の二つ目には、「諸法無我《しょほうむが》」という教えがあります。

これは、「この世に存在する、すべてのものは、壊れていく性質を持っている。

実体のあるものは何一つない」という「空《くう》の思想」につながる考えです。

すなわち、唯物《ゆいぶつ》的なものの見方だけをして、「この世のものが常にある」と思っていても、実は、この世のもので、永遠に存在できるものなどなく、すべては壊れていく性質を持っています。仏教の基本思想のなかには、「すべてのものは、本質的に『壊れていく性質』を持っている」という考え方があるのです。それは、たとえ、どのように堅固《けんご》な建築物であろうとも、すべて同じです。

仏陀《ぶっだ》が、あえて、そういう思想を説いた理由の背後には、結局、「この世にあるものに深い執着《しゅうちゃく》を持ってはならない」という考えがありました。

この世のものに深い執着を持ちすぎないために、「この世の常ならざること」、そして、「この世のありとしあらゆるものが、滅《ほろ》びていく性質を内に秘めていること」を教えたのです。

## 「涅槃寂静《ねはんじゃくじょう》」――悟《さと》りを得て、実在界に還《かえ》る

さらに、三法印の三つ目には、「涅槃寂静《ねはんじゃくじょう》」という、少し難しい考えもあります。

これは、「悟《さと》りを得て、澄《す》み切った心を持ったならば、清浄《しょうじょう》なる世界、澄み切った実在界に還《かえ》ることができるのだ」という教えです。

つまり、「この世を、どのようなかたちで去ったとしても、澄み切った『悟りの世界』に還ることこそが、本来の目的であるのだ」「この世はあくまでも『魂《たましい》の学校』であり、さまざまな試練と見えしものも、みな、人間の魂を磨《みが》くために存在しているのだ」ということを述べているわけです。

こうした点に関しては、報道されているような幾《いく》つかの考えとは違うものもあるかもしれません。

しかし、宗教的観点から言えば、あくまでも、この世を去った世界が実在の世界、本当の世界ですから、この世の悲劇や悲惨《ひさん》な出来事についても、これを、どのように魂の糧《かて》としていくかが大事なわけです。

## 3 震災《しんさい》の遺《のこ》した「大きな教訓」とは

### 「日本国民の死生観」に起きつつある変化

一年前に起きた、この世的には非常に不幸で悲惨《ひさん》な出来事は、まだ人々の記憶《きおく》に新しいことではありましょうが、私は、もう一つ、観点を変えて見なくてはならないのではないかと思うのです。

唯物論《ゆいぶつろん》的に見れば、それは、「どうしようもない事故」であり、「救いようのない悲劇」ではあります。しかし、もう一つ別の側面から静かに見返してみると、「日本全体に対して、ある種の大きな教訓も遺《のこ》したのではないか」と感じるのです。

少なくとも、この一年間、東北の人だけではなく、日本全体の人々が、被災《ひさい》時の映像を見、さまざまなニュースを読み、それを学ぶことによって、「これまでとは異なる価値観」、あるいは、「価値観の変動」を感じたのではないでしょうか。

例えば、平時に、全国各地の街角や駅前でアンケートを取り、「死後も魂《たましい》があると思いますか」「あの世があると思いますか」「神仏があると思いますか」などと質問した場合、問い方によって、多少、答えは違《ちが》うとは思いますけれども、大まかに言えば、「魂やあの世、神仏などは、七、八割以上の確率で存在するだろう」と思っているのは三割ぐらいの人だと思います。

残りの七割ぐらいの人は、はっきりしません。特に二割ぐらいの人は、徹底的《てってい》に否定していると思いますし、五割ぐらいの人は、ぼんやりと、「お盆《ぼん》には故郷《ふるさと》に帰る」「正月には神社仏閣に参拝《さんぱい》する」というように、文化的に感じている程度の状態だと思います。

ところが、私は、「この感覚が、一年前を境にして少し動いた」という感じを受けているのです。

## ①　唯物論《ゆいぶつろん》的風潮の退行

おそらく、今日は、東北の地を中心に、全国で、さまざまな慰霊祭《いれいさい》や供養祭《くようさい》が執《と》り行われているでしょう。行政機関をはじめ、各宗教団体やＮＰＯ団体等でも行っていると思いますけれども、この三月十一日に、そうしたことを行っても、「あの世はないのだから、そんなことをしても意味がない」とか、「魂などないのに、死んだ人を弔《とむら》うのは無駄《むだ》なことだ」とかいうようなことを面と向かって言える人が、今はいないわけです。唯物論《ゆいぶつろん》を中心とするマスコミであっても、そう言うことはできないでしょう。たとえ、形式的であったとしても、それを面と向かって批判できない状況《じょうきょう》にあるのです。

また、一年前の映像等で、自衛隊員が、亡《な》くなられた方を弔うときに、その遺体の周りを囲んで、花束を捧《ささ》げ、黙禱《もくとう》している姿などが映し出されても、違和感《いわかん》がまったくないどころか、当たり前のことのように感じられたと思います。

もし、魂なるものがなく、肉体が、ただの物質にしかすぎないのであるならば、その弔いの行為《こうい》は、ほんの儀式《ぎしき》的なものにしかすぎないのでしょうが、映像を観《み》る限り、そのようには見えません。やはり、「亡くなられた方の無念を弔おう」という気持ちが、ありありと見えるわけです。

その意味において、この世的には、非常に悲惨な事件ではありましたが、亡くなられた方々は、日本全国に大きな教訓を遺されたのではないでしょうか。

私は、「単純な皮肉な見方で、魂や、死後の世界、供養等をあざ笑っていた人たちが、そうできなくなるような精神風土に向けて、日本が、やや地滑《じすべ》り的に動いている」と感じます。それが、まず一点です。

## ②日本全体に見られる道徳心の向上

もう一点は、簡単な言葉で言えば、「日本人全体に道徳心の向上が見られる」ということです。多少なりとも、道徳的な気持ち、あるいは、道義的な気持ちが上がったような気がするのです。

例えば、東日本大震災義援金《ぎえんきん》の募金《ぼきん》箱が、さまざまな場所に置いてあります。今までであれば想像もつかないような飲食店などにもあります。東京でも関西でも、どこでもそうです。そして、「お釣《つ》り等を、東日本大震災の被災者支援のために、どうぞ寄付してください」というような活動が、さまざまなところで行われています。こういうことが全国で行われているのも非常に珍《めずら》しいことでしょうが、国民全体に、そうした道徳的な良心のようなものが目覚めてきたわけです。

それを、もう一段、深い目で見るならば、ある意味での「信仰心《しんこうしん》への目覚め」を与《あた》えているのではないかと思います。その道徳心は、信仰心の一歩手前のものではありますけれども、実は、「信仰に目覚めなければならない」という方向に、進んでいるのではないでしょうか。

## もう一度、「幸福の本質」を考え直すとき

私たちは、「常勝思考《じょうしょうしこう》」という考え方を持っている者として、「悲劇を悲劇として終わらせないことが大切だ」と思っています（『常勝思考』〔幸福の科学出版刊〕参照）。

亡くなられた方や、さまざまな障害を負われた方、後遺症《こういしょう》を持っておられる方、

あるいは、財産的損害を受けて苦しんでおられる方、会社をなくされた方、職業をなくされた方、家をなくされて今も避難《ひなん》生活を余儀なくされている方等、不自由なされている方は大勢いらっしゃるかと思います。しかし今、日本全体で何かが大きく変わろうとし始めていることも知らなければなりません。

日本人にとって、幸福というものの本質を、もう一度、考え直すときがきたのではないでしょうか。

経済が発展し、国民が驕《おご》っていたような時代には、幸福の基準も、この世的な発展・繁栄《はんえい》だけにとらわれたものが多かっただろうと思います。しかし、いざ、津波《つなみ》に遭遇《そうぐう》して、自分の命が失われかけたときには、もう、ほかのことなど考えることはできなかったでしょう。

自分の職業のことも、会社のことも、家のことも、お金のことも、服がどうなるかも、何も考えられなかったと思います。もう、「水から上に首が出て、酸素が吸えて、生きられるかどうか」ということ以外は考えられなかったはずです。そうして見ると、「大きな原点に立ち返らねばならない」と感じた方は、おそらく多いのではないでしょうか。

## 一日一生――与《あた》えられた命を大切に生き切る

それは、「命がすべての始まりであり、本当は、その命こそが、この世に生まれ落ちるに当たって与《あた》えられたるもののすべてであったのだ」ということです。

お金がなくなっても、また稼《かせ》ぐことはできますし、家が流されても、また建てることはできます。職業を失っても、また新しく仕事に就《つ》くことができますし、損害が出ても、また回復することは可能です。

ただ、この世での「今世《こんぜ》の修行《しゅぎょう》」というものは、命を失ったら、もうできなくなってしまうわけです。そう気づいたときに、「いちばん大切なものは何であるか」ということを、おそらく知ったのではないかと思うのです。

一般《いっぱん》の人々にとって、本当に大切な悟《さと》りとは何であるかというと、やはり、それは、昔から言われている「一日一生」という言葉に集約されます。「一日一日を大切にして生き切っていくことこそが大事なのだ。与えられた命が、いつまでもあると思うな」ということです。

もちろん、今回のように震災等で亡くなられる方もおられますし、老衰《ろうすい》で亡くなられる方もおられます。状況は、さまざまにあるとは思いますが、誰《だれ》一人として、死から逃《のが》れることはできません。それが法則です。どのような奇跡《きせき》を起こしたとしても、最後には、この世を去らねばならないのです。

また、「人生は、この世限りで、すべてがこの世で完結して終わりだ」と考える唯物論《ゆいぶつろん》的、無神論的な人もいるかもしれませんが、いずれ、それが間違いであることを徹底的に思い知らされます。

これまで、日本人の大多数は、いや、少なくとも過半数は、戦後の七十年近い年月を、「死ねば何もかも終わりだ」という人生観を持って生きてきました。だからこそ、彼らに正しい真理を悟っていただき、心をクラッと入れ替《か》えて生きることを、命あるうちにつかみ取っていただくことが大事です。みなさんには、「それがどれほど大切な仕事であるか」ということに気づいていただきたいと思うのです。

## 4　真理を伝える大切さ

### 「あの世の世界」について説けない伝統仏教

現在、亡《な》くなられた方々に対しての慰霊《いれい》が、さまざまに行われていますが、そうしたことについて、マスコミ等が、伝統仏教に従事する〝プロ〟の方々に質問することもあるようです。ただ、何一つ明確な答えは返ってこないのが現状でしょう。

「亡くなった方々は、どうなるのでしょうか」「海岸で数多くの幽霊《ゆうれい》を見ることがあるのですが、どうしたらいいでしょうか」と訊《き》かれても答えられずに、結局、「『幽霊が見える』というのは、その人にとっては事実なのでしょうから、心のケアが大事ですね」と言うことぐらいしかできません。

これが、二千五百年後の仏教の姿です。〝プロ〟と称《しょう》する方が、あの世の世界について説くことができないでいるわけです。

## 「死者が、みな観世音菩薩《かんぜおんぼさつ》となる」ということはありえない

一方、ある種の新宗教の団体では、「亡くなられた二万人近い方々は、みな観《かん》

世《ぜ》音《おん》菩《ぼ》薩《さつ》になった」というようなことを言っています。

確かに、そういう言い方もあるのかもしれませんが、厳密に言えば、この言葉には嘘《うそ》があるだろうと思います。それは、どう考えても、おかしいのではないでしょうか。もちろん、観世音菩薩もいたかもしれませんが、実際には、まだ霊的に迷っている方も大勢いるはずです。やはり、「震《しん》災《さい》で亡くなった方は、みな観世音菩薩になった」と言って、それだけで済ませるのは、残念ながら真理ではないのです。

おそらく、昔からの日本神道《しんとう》の考え方では、不慮《ふりょ》の死など、この世的な不幸があった場合、怨霊《おんりょう》となって祟《たた》ることがあるので、そのような人を「神」として崇《あが》め、神社を建てたり、鎮魂《ちんこん》したりすることによって、その祟りを収めたのでしょう。そうしたことが、日本神道の歴史のなかには数多くあったため、その流れのなかでは、「非業《ひごう》の死を遂《と》げた方々は観世音菩薩だ」と言うことによって祟らないようにするのも、一つの手法なのだろうと思います。しかし、それは真実ではないでしょう。

観世音菩薩が二万人近く亡くなられたのであれば、海辺に大量の幽霊が出たりすることはないはずです。

## 死後の世界を知らなければ「死」を自覚できない

先ほど述べたように、七割ぐらいの方は、生きていたときに、少なくとも、あの世の存在を十分には認識していませんでした。そういう「あの世はない」と思って生きてきた方が一瞬《いっしゅん》のうちに命を失った場合、死んだあとの世界については、まったく知識がないため、どうしたらよいかが分かりません。そういう状態が、現実には続いているわけです。

ただ、その状態では、「自分はまだ生きている」と思っているので、「生きているけれども、どうしたらいいかが、まったく分からない」という状態にあることになります。

また、生前、真理について、さまざまな経典《きょうてん》を献本《けんぽん》したりして、説得し、説教し、さまざまに話をしても、まったく耳を傾《かたむ》けなかった人の場合は、死んだあとも、自分の死を、まったく受け入れようとしないことがあります。

「『意識がある』ということは、まだ生きているのだ」と思って、壊《こわ》れた家や会社の周り、あるいは、亡くなった場所のあたりを徘徊《はいかい》している方も多いのです。死後一年ぐらいであれば、まだ、かなりの数の方が、そういう状況《じょうきょう》だろうと思われます。

やはり、こういう方々に、生前、真理を伝え切れなかったのは、非常に残念なことです。

## 真理を学び、真理に則《のっと》って人生を生きよう

私は、「今回の震災を経験した東北の地には、日本を信仰心《しんこうしん》と宗教心に満ちた国家に変えていくための出発点として、再出発を果たしていく義務がある」と考えます。

そうであれば、亡くなった方々の命も無駄《むだ》になりません。

また、会社が潰《つぶ》れたり、家が流されたり、財産的損害を受けたりといった数々の不幸についても、それらを、日本全体を大きく目覚めさせる力や、信仰心と伝道のうねりに変えていくことができるのであるならば、それもまた、意味のあることではないでしょうか。

本当の宗教では、最終的に、「どのように、この世での執着《しゅうちゃく》を去り、実在の世界において光り輝《かがや》く自分に辿《たど》り着くか。あるいは戻《もど》っていくか」という教えを説

いています。

この世の人たちは、どのように知性が高くとも、それを、たとえ話か何かのようにしか感じないことが多いでしょう。震災も何もないときであれば、そういう話を会社などでした場合、戯言《たわごと》として片付けられるのが普通《ふつう》です。しかし、それは戯言ではないのです。

もし、東日本大震災で亡くなられた方々が、生前、私の教えを十分に学んでおられたならば、どうだったでしょうか。今回、幸福の科学全体において、被害《ひがい》に遭《あ》って亡くなられた方は数名と非常に少なく、こういう言い方が適切かどうかは分かりませんけれども、二万人近い方が亡くなられたなかで、犠牲者《ぎせいしゃ》が数名で止《と》まったこと自体は、ありがたいことではあったと思います。ただ、信者であった彼らが、真実、私の説く真理を学んでいたならば、必ずや今、「死後の世界は、大川総裁が説いていたとおりの世界でした」と言っているはずです。彼らが海辺でさまよっていることなど、絶対にありません。

これまでも、あの世へ還《かえ》ったあとに私のところへ挨拶《あいさつ》に来た当会の信者は、みな、「あの世は、大川総裁が説かれていたとおりの世界でした」「そっくり、そのままでした」と言っています。

そう言えないのは、真理を学んでいなかった人々です。この世での地位や名誉《めいよ》、財産、学歴などは、まったく関係がありません。

大事なことは、「真理を知っているかどうか」です。そして、「それを、どれだけ自分のものとしているか。毎日毎日を、真理に則《のっと》って生きているか」ということなのです。

## 5　救世の誓《ちか》いを新たに

### 東北の地に「新しい繁栄《はんえい》への道」が開けることを信じて

そのように、日々、真理を学びつつ、東日本の復興に向けて、私たちも、希望のための一歩を歩んでいかねばならないと思っています。

復興計画は、ずいぶん遅《おく》れているように感じます。復興庁が設置されたのは、震災《しんさい》から一年近くがたってからですし、政府に任せ切ってよいものかどうか、非常に疑問があります。対応が遅《おそ》く、やり方もまずく、ニーズに応《こた》え切れていないものも多いのではないでしょうか。

しかし、大切なことは、「必ずや、何年か後には、元あった以上の繁栄《はんえい》を取り戻《もど》すことができるのだ」ということです。そういう思いを持たなくてはなりません。そして、復興後の繁栄した姿を心に描《えが》きつつ、毎日毎日、レンガを一個ずつ積み上げていくように、「今日も一つ、明日も一つ」と思って前進していくことが大事なのです。

瓦礫《がれき》を片付けることも、壊《こわ》れた家を片付けることも、遺品を片付けることも、みな大変です。あっちにもこっちにも大変なことが残っています。それでも、毎日毎日、細分化し、一つひとつ、少しずつ少しずつ、とにかく前進していけば、必ず、すべてが解決していきます。

かつて、神戸《こうべ》の街が、阪神《はんしん》・淡路《あわじ》大震災によって、破壊《はかい》し尽《つ》くされたような状態になりましたが、何年かすると、震災の跡《あと》などまったくないように、見事に復興しました。

このたびの震災は、非常に残念ではあるけれども、東北の地が「新しい出発」

をなし、数年後には、「新しい繁栄への道」が開けてくることを、私は信じてやみません。

また、今日、説法《せっぽう》をしている、この仙台《せんだい》の地が、その力強い発展のための「再出発の原点」になることを祈《いの》ってやみません。

## 救世の団体として、もう一段の成長を遂《と》げたい

私たちは、「多くの人たちの願いや声を聞き続けられる団体になりたい」と思っています。そして、日本全国で、救援《きゅうえん》活動に参加してくださったみなさまがたに、御礼《おんれい》を申し上げるとともに、海外においても、さまざまなところで救済活動ができていることについて、多くの方々に感謝しています。

当会は、インド洋に津波《つなみ》が起きて、スリランカで小学校が流されたときにも、学校の再建に取り組みました。また、ウガンダで土砂崩《どしゃくず》れが起き、多くの方が亡《な》

くなったときにも救援活動を行いました。さらに、当時は、ほとんど信者がいなかったハイチで地震が起きたときにも救済活動に取り組みました。

このように、当会は、海外においても、さまざまなところで救援活動を行っています。

今回の東日本大震災における救援活動についても、その内容の報告を受けましたが、阪神・淡路大震災での救援活動とは違《ちが》って、私の指示が出なくても、さまざまに自主的な活動がなされていたようです。

それだけ、教団が歴史を持ち、経験を持ち、文化を持ってきたということでしょう。

私たちは、今後、日本国中に、あるいは、世界中に、もう一段、強いネットワークを築き、救世の団体として成長してまいります。それを、亡くなられた方々や、さまざまな被害《ひがい》に遭《あ》われた方々への心からのメッセージといたしたいと思います。

# 第3章 天国への導き

2012年7月14日　東京都・幸福の科学 教祖殿 大悟館にて

## 1　東日本大震災《だいしんさい》後の風潮への違和感《いわかん》

### 国全体が「同情を乞《こ》いすぎる風潮」に流されていないか

　このたびは、東北の地に仙台正心館《せんだいしょうしんかん》が落慶《らっけい》しましたことを、とてもうれしく思います。一年ほどの突貫《とっかん》工事でありますが、何とか出来上がってよかったと考えております。

　さて、私は、日本の今の風潮に対して、若干《じゃっかん》の違和感《いわかん》を感じています。「同情を乞《こ》いすぎる風潮」があまりにも強く感じられてならないのです。

　東日本大震災《だいしんさい》では、行方《ゆくえ》不明者を含《ふく》めて二万人近い方が亡《な》くなりました。また、数多くの家が流され、大勢の方が職を失いました。それは本当に大変なことだと思います。しかしながら、震災は、二〇一一年三月に起きたことであり、それから一年四カ月もたとうとしております（説法《せっぽう》当時）。このあたりで、いいかげんに区切りをつけなければいけないでしょう。

私が申し上げたいことは何か。それは、「あまり長く人の同情を引くのはよろしくないし、国全体がそのような風潮に流されることはよろしくない」ということです。直接に被害《ひがい》を受けた方々が気の毒であることは、もちろん、そのとおりですが、「それが全国に波及《はきゅう》して、今、どのようになっているのか」ということも考えなければならないと思います。

## 「住民エゴ」が国民全体に危機を呼び込《こ》む

その後、国全体の主権が侵《おか》されるような事態も発生していますし（注。二〇一二年七月、中国の漁業監視船《かんしせん》が尖閣《せんかく》諸島周辺を領海侵犯《しんぱん》した）、他の地方自治体においても、「自治体エゴ」と思われるようなことが、そうとう発生しています。自分たちの地域のことしか考えていない住民が、日本のあちこちで多数出現しており、この国自体、舵取《かじと》りをする人がいなくて漂流《ひょうりゅう》しているような状態です。

国防面を見ても、東京都が尖閣諸島を買い上げようとし、あとから国が「買う」と言って揉《も》めているのが現状です（注。その後、二〇一二年九月に国が購入《こうにゅう》し、国有化）。もちろん、国があまりに無策であることに腹を立て、地方自治体の長《ちょう》である石原《いしはら》都知事（現・衆議院議員）が介入《かいにゅう》したことについては、男として諒《りょう》としたい面はありますが、国が国の体《たい》を成さずに、バラバラになろうとするのは問題です。

その原因のほとんどは、地方の「住民エゴ」を中心としたものです。特に、沖《おき》縄《なわ》県の「住民エゴ」は最もひどいものであり、沖縄一島のことのみを考えて、「この国の未来に対する責任」というものをまったく考えていません。

しかし、沖縄県の住民にも、「日本人としての義務」「日本人の一員としてなすべきこと」は、当然ながら、あります。ほかにできることがあれば、それを行っても結構ですが、ほかにできることがないにもかかわらず、エゴ丸出しでごねています。結局、国から補助金を引き出そうとしていることは明らかです。その結果、国民全体に危機を呼び込《こ》む事態になるのではないかと推定しています。

さらに、岩国《いわくに》市でも、同じようなことが起きています。国防のためのオスプレイ配備について、小さなことを取り上げては、「何のために、それを行おうとしているのか」という全体的な視点を見落とした議論が横行しています。そのことについては、私も腹立たしく思っているのです。

そうしたことは、ほかの所でも見られます。

例えば、大飯《おおい》原発は再開されましたが、その近辺の住民は、「原発による放射能漏《も》れが起きたらどうするのだ」と言って反対しています。それが大阪圏《おおさかけん》にまで飛び火し、さらには東京のほうにまで伝わって、「あじさい革命」などと称《しょう》して、首相官邸《かんてい》を一、二万人ぐらいで取り巻き、「原発反対」「放射能反対」のデモが行われました。主催者《しゅさいしゃ》側の発表では、参加者は二十万人とのことですが、「いいかげんにしろ！」と言って叱《しか》らなければいけないと思います。

## 「票」を買うためのバラマキが横行している日本

東北は確かに被害を受けました。一年間、その報道がテレビや新聞、週刊誌、その他の媒体《ばいたい》から垂れ流しのように流れ続けましたし、諸外国にも同じような内容が流れ続けました。

しかし、私たちは、「『千年に一回』とか『数百年に一回』とか言われる巨大《きょだい》地震が起きるのは、民心《みんしん》のなかに過《あやま》てるものがあるからではないか」と申し上げていますし、「国政の中心にも過てる勢力があるのではないか」と疑っています。

つまり、「天変地異等は、単なる自然災害であり、さいころを転がすように、偶《ぐう》然《ぜん》、気まぐれに起きた」と考えるのは甘《あま》いのです。

こうした災害が起きる以前においても、東北地方では、数多くの補助金を得るために、税金の垂れ流し状態が長く続いていたはずです。もちろん、各地方でも、そうした税金の垂れ流し状態を求める動きが数多くあって、その結果、国家財政が赤字になり、国債《こくさい》の借入《かりいれ》残高が増えたため、それを梃子《てこ》として、今度は国民全体に消費税の増税をしようとしています。今、消費税を八パーセント、十パーセント、さらには十五パーセント、二十パーセントへと上げようとする勢力が中心となって増税をしようとしているわけです（注。その後、二〇一二年八月に消費税増税を柱とする社会保障・税一体改革関連法案が成立）。

自分たちの村や街が寂《さび》れているのは、そのとおりかもしれませんし、「自分自身には、単に『お金をもらえればよい』『補助金をもらえればよい』という気持ちがあるだけだ」と思っているかもしれません。しかし、そういう風潮が蔓延《まんえん》したならば、国全体としては赤字体質になってしまいます。政治家が、自分が当選するためだけのバラマキ政策をやり続けることになり、不要なものにまでお金を出すようになるからです。

要するに、早い話が、国民の税金である国家予算を使って、自分が当選するための票を買っているのです。このように、票を買うためのバラマキが横行しているわけです。

## 日本を断じて「物乞《ものご》い主義」の国家にしてはならない

もちろん、根本的に、しっかりとした考えがあって、「国の経済を成長軌道《きどう》に乗せて発展・繁栄《はんえい》させ、経済成長に伴《ともな》う国税や地方税の税収増を目指す」ということを綿密に考えた上で、賢明《けんめい》な判断として投資をすること自体に、私はまったく反対ではありません。

しかし、国民が「物乞《ものご》い体質」になることに対しては、徹底《てってい》的に反対したいと思います。「物乞い体質」とは、きれいな言葉に換《か》えれば「社会主義体質」です。あるいは、「社会福祉《ふくし》体質」とも言えますが、これは、実際は「物乞い主義」であり、さらに悪く言えば、「乞食《こじき》的発想」なのです。

もちろん、さまざまな競争や政治環境《かんきょう》の大きな変化によって、敗者が生まれることはありえますが、多数の方に、そうなってもらっては絶対に困ります。大多数の人たちが人生の敗残者となり、「物乞い主義」になるような国家にしては断じてならないのです。

したがって、地方分権や地方自治は結構ですけれども、それは、国全体からより多くの予算や税金を取るためだけのものであってはなりません。

「地域に災害があれば、自らが主体的な力を発揮して、いち早く立ち直らせるべく努力しよう」「自らの努力によって経済発展させ、町おこし、村おこし、市おこし、県おこしを行って、豊かな地域をつくろう」「自分たちにできるところは、できる限り、自分たちでやっていこう」「自分たちの県や市を超《こ》えた大きな領域については、国家戦略として力強い牽引力《けんいんりょく》が必要だ。それについては、国全体が発展する方向を支えよう」などと考えることが、基本的な考え方であろうと思います。

## 2 天国に還《かえ》るための「根本的な考え方」

### 「天国に還《かえ》る人」と「地獄《じごく》に堕《お》ちる人」とを分ける基準

本日(二〇一二年七月十四日)、大分県《おおいた》・熊本県《くまもと》・福岡県《ふくおか》を中心とする洪水《こうずい》があり、死者が二十人を超《こ》えました。テレビに映った映像では、いつかの津波《つなみ》のようにも見えるぐらいの洪水です。

しかし、このような被害《ひがい》は、この一年間、タイの洪水やオーストラリアの洪水など、いろいろな所でも見られました。アメリカでも、ハリケーンがあったときには、大洪水が起きましたし、いろいろな所で自然災害は起きています。

ただ、こうしたときに、肝心《かんじん》な考え方を、一つ、忘れないでください。つまり、「何もかも天にお任せし、『お救いください』と言うだけの考え方では駄目《だめ》だ」ということを申し上げたいのです。

今、私は、根本的な人間の考え方について述べています。

本章は、「天国への導き」というテーマであり、本来、「亡《な》くなられた方々への弔《とむら》い」や「遺族の方々へのねぎらい」というものが中心的な課題であるわけですが、震災《しんさい》から一年数カ月がたった今、いつまでも、同情を乞《こ》うような体質が蔓延《まんえん》してはならないので、あえて引き締《し》めた言葉で申し上げます。

「天は自ら助くる者を助く」という言葉は、今も真実です。

人間には、「天国に還《かえ》る人」と「地獄《じごく》に堕《お》ちる人」がいます。それには、いろいろな条件はありますが、簡単に言うと、本当に基準は明快で、それによって、明らかに二種類の人間に分かれるのです。

その基準とは何でしょうか。

人生にはうまくいかないことや不運なこと等があります。そのなかには、確かに、「自分だけの責任ではない」と思われるようなこともないわけではありません。「そういうときに、どう考えるか」ということが、実は判断の基準の一つなのです。

つまり、「天国に還る人」は、自分にとってよからぬこと、都合《つごう》の悪いこと、不利なこと、あるいは事業の失敗などが臨《のぞ》んだときに、「これは、すべて自分の不徳の致《いた》すところであり、自分の責任に発しているのだ」と思う人です。すなわち、自らを省《かえり》みて、努力の足らざるを知り、運命が悪いのであれば、徳の足らざるを知って、「これを起点として、もう一段の精進《しょうじん》に励《はげ》もう」と思う方です。

そして、そういう人は、幸運が舞《ま》い込《こ》んできたときには、「これは自分一人の手柄《てがら》や幸運ではない。自分の徳によって起きたわけではなく、多くの人々の支援《しえん》を受けて、そうした幸運が舞い込んできたのだ。自分の力は小さいものである。たまたま、天が運試《うんだめ》しのつもりで、私に幸運を与《あた》えて、『さあ、どうするか』と言って、今、見ておられるのではないか」というように考えます。

要するに、「失敗に関しては、自分に責任があり、成功に関しては、天や他の人々のおかげである」と考えるタイプの人です。これが一種類目の人です。

もう一種類の人は、自分にとって都合の悪いことや失敗、自分の思っていたようにならない事態が起きたときに、その責任を回避《かいひ》し、他人に転嫁《てんか》するタイプの人です。

そういう人は、自分に具合の悪いことや不都合なことが起きたときに、「それは人のせいである。ほかの人が、こういうことをしたために、こうなったのである。自分はまったく悪くないのだ」と考えます。そして、何かで成功し、手柄があった場合には、「それは自分が頑張《がんば》ったからである。自分の努力のおかげで成功したのだ」と言って得意になり、感謝の念を忘れます。こういうタイプの人がいます。

人類を簡単に分けると、基本的に、この二種類の種族に分かれます。

前者は天国に行くことがだいたい決まっている人であり、後者は放置すれば、地獄に行くことが決まっている人です。

## その人の「考え方」を見れば死後の行き先が分かる

したがって、震災で亡くなられた人々が、どういう人であったかは、個別には分かりませんが、「どちらのタイプであったか」を考えれば、その人が天国に行っているか、地獄に行っているかが分かるはずです。

もちろん、「人間の力を超えた地震や津波等によって一生を終える」というのは不幸なことではありますが、そういう最期《さいご》を遂《と》げたとしても、「世の中に対して、十分にお役に立っていなかった。他の人に対して十分に奉仕《ほうし》できるような人生ではなかった。努力がまだ十分でなかった」と考えて亡くなった人の場合は、天国に必ず還っています。

ところが、「自分はまだまだ生きたい。この世でやりたいことがたくさんあるし、十分に楽しんでもいないのに、こんな目に遭《あ》った。神様はひどいことをするものだ。許せない。それに、あんな悪いやつらが生き残ったのはけしからん」と思っているようなタイプの人は、残念ながら、そう簡単に天国には入れないのです。本当に不思議なものです。

この基準は、そういう人智《じんち》を超えた大きなものに関しても当たりますし、もっと小さなものに関しても当たります。

例えば、毎日の会社での仕事に関しても、成功・失敗は起きますし、学生や生徒であれば、学校の勉強においても、成功・失敗は起きますが、基本的に、「失敗は自分の責任であり、それを解決できなかった自分の問題だ」と考えるタイプの人が、この世においても、最終的に成功することが多く、天国に還る可能性の高い人です。

一方、この世においてうまくいかなかったことを、ほかの人のせい、環境《かんきょう》のせい、周りのせいにしがちな人は、残念ながら、「地獄に招かれている」と考えなければなりません。

現象としては同じであり、どのように解釈《かいしゃく》することも可能ですが、人類の歴史を見る限り、法則的に、そのようになっているわけです。

## 「天」は判断において過《あやま》つことがない

そういう状況《じょうきょう》は、今日明日の仕事でもあるでしょうし、学業でもあるでしょう。あるいは、道を歩いていて交通事故に遭うこともあるかもしれません。そうしたときに、「これは自分の不注意によって起きたことだ」と考えるのではなく、「相手がきちんと注意して運転しないから、俺《おれ》は事故に遭ってけがをし、一生不幸になってしまったではないか。轢《ひ》いたやつが悪い。一生、恨《うら》んでやる」という気持ちでいる人間は、天国には還れないのです。

確かに、事故に遭ったのは不幸なことです。ただ、その事故を起こした人を恨んでも、自分が幸福になったり、けががよくなったりはしないのです。これを間《ま》違《ちが》ってはいけません。

もし、事故に遭ったとしても、自らの足りざるを反省し、「本来、もっと大きな事故に遭ってもおかしくなかった状況なのに、それが軽い程度で済んだ」「手や足はけがをしたが、命を失わずに済んだ」「肝心の頭は大丈夫《だいじょうぶ》だった」「心臓は止まっていなかった」などということに喜びを見いだすことです。

要するに、「生かしていただいてありがたかった。元通りにはならないかもしれないが、生かしていただいた命を使って、少しでも世の中のお役に立ちたい」と考える人は天国的な方ですが、「事故があったがゆえに、自分は一生不幸なのだ」という考え方を持っている人は不幸な方といえます。

経済においても同じようなことがあります。

例えば、一九二九年に世界大恐慌《だいきょうこう》が起きたときには、世界中で、数多くの会社が潰《つぶ》れ、失業者もたくさん出ました。その余波は日本にも来て、大勢の大学生が就職できなくなり、なかには、東大の卒業生でも数パーセントしか就職できないような年がありました。昭和五年の昭和恐慌当時は、「東大法学部の卒業生でさえ就職できない」という時代だったのです。

そういう大きな流れ自体は、さまざまな連鎖《れんさ》によって起きることであり、個人の力では、いかんともしがたいものがあるでしょう。

ただ、その時点では、いかんともしがたくとも、天は、必ず、その方を見続けているわけであり、「その人は、どういう人物であるか」ということに対して過《あやま》つことはありません。「天は判断において過つことがないのだ」ということを、どうか知っていただきたいのです。

現在ただいまにおいて、評価されたり、認められたりするようなことはなくとも、その人が、着実に徳を積み、研鑽《けんさん》を積んでいるならば、道は拓《ひら》けるのです。

## 3　日々、着々と努力する

### 「直接的な努力」と「間接的な努力」を重ねれば成功は確実

その「努力の道」については、以前も、何度か説法《せっぽう》をしたことがありますが、人間の努力には、「直接的な努力」と「間接的な努力」があります。

「直接的な努力」というのは、非常に分かりやすいものです。これは、「目先に何かやらなければならないことがあり、そのために一生懸命《いっしょうけんめい》に努力する」ということです。凡人《ぼんじん》であっても、締《し》め切りや期限が近づけば、「これは頑張《がんば》らなければいけない」ということが分かるでしょう。

一方、「間接的な努力」というのは、「将来、事あるを期して、その日のために、日ごろから、うまずたゆまず、いろいろな準備をしておく」ということです。努力して自分を鍛《きた》え、勉強しておくことです。

それは、例えば、「将来、社長になる身であれば、いろいろなことを身につけておかねばならない」と思い、若いうちから、英語や経理、税法、経済、その他、将来の帝王学《ていおうがく》として必要なことをコツコツと勉強するなど、現在の自分の仕事にかかわりのないことでも努力し続けることです。

さらに、今、与《あた》えられている課題に対しても、それを確実にこなしていこうとすることです。

こういう「直接的な努力」と「間接的な努力」の両方を重ねている人は、会社においても、いずれ人に認められ、成功していくことは、ほぼ確実です。

万一《まんいつ》、運命の気まぐれによって、会社に残れなくなり、転職して別の所に職場を見いだすことになったとしても、必ずや、そういうタイプの人は道を拓《ひら》きます。

十分な精進《しょうじん》の徳が備わっているため、そのようになっていくわけです。

その点を忘れないでほしいと思います。

## 「火事場の馬鹿力《ばかぢから》」だけでは人生の勝利者になれない

学生なども、試験の時期が来れば、必死になって勉強するでしょうし、期限があるものについては、残り時間がないため、「徹夜《てつや》した」「半徹した」などということもあるでしょう。

それ自体は、超人的《ちょうじん》に頑張ったようにも見えるかもしれませんが、長い目で見れば、いつも、そういう状態なのは恥《は》ずかしいことです。たまには、そういうこともあるかもしれませんが、いつも、そんな状態が来るのであれば、それは、「その人の人生には計画性が足りない」ということを意味しているのです。

いろいろな試験等があることは、最初から分かっていることなので、それに向けて、長期的な計画や短期的な計画を立て、着々と勉強していくことが大事です。ごく普通《ふつう》に、整然と、こなしていかなければなりません。「前日だけ徹夜で勉強した」「半徹で勉強した」などと言い、体力を誇《ほこ》るようなやり方をしていたら、そのうちに体を壊《こわ》して大成しないでしょう。

私は、基本的に、やっつけ仕事的に「火事場の馬鹿力《ばかぢから》」を出すようなタイプは、あまり評価していませんし、尊敬もしていません。やはり、「そこまで追い込《こ》まれなければできなかった」というのは、恥ずかしいことだと思います。

それは、先ほど述べた「間接的な努力」が足りないところが大きいと思うのです。将来のために、いろいろな勉強が必要であることが分かっていれば、あらかじめ、毎日、少しずつ勉強していけばよいわけです。

もちろん、「いざ試験」ということになれば、直前の追い込みは必要ですから、そのときは一生懸命に集中して勉強しなければいけませんが、「火事場の馬鹿力だけで乗り切ることを繰《く》り返し行っている人は、人生において勝利者になることは、ほぼない」と考えてよいでしょう。

## 「仕事をずっと続けていこう」と念じながら将来のための努力を

これは、一般《いっぱん》社会でも言えることです。

私も本を数多く書いていますが、出版界には、いつも締め切りに追われて、編集者から逃《に》げ回りながら、原稿《げんこう》を書いているような人がいます。

例えば、昔であれば、印刷所の輪転機が回っている所に行って原稿を書いたり、直したりしている作家が大勢いましたし、それを武勇伝のように語っている作家もいました。しかし、こういう人たちは、みな駄目《だめ》な人たちです。基本的には才能も努力も足りない人であって、そのようなことであっては駄目なのです。

やはり、日ごろから、着々と準備をしておくことが大事です。

着々と普通にやっていることは、ごく当たり前のことのように見えるため、そんなに人から尊敬されません。それは、ちょうど、小川の流れによってグルグル回る水車が、ゴットンゴットンとひき臼《うす》を回して、きめ細かい麦の粉をひいていくようなものです。こういう自然な流れで仕事をしている人は、おそらく、人生を通してものが書けなくなることはありませんし、締め切りにつつかれることもありません。それによって、多くの人々に迷惑《めいわく》をかけることもないと言えるでしょう。

また、物書きには、大学教授等を兼《か》ねている人も多いですが、大学教授は、国立なら六十歳《さい》前後、私立なら七十前後で定年です。彼らのなかには、大学に勤めている間は、講義等の合間にいろいろな文章を書いたりして本を出しているのに、退官すると、まったく本が書けなくなる人が大勢います。こういう人たちは、やはり、将来のための努力が十分にできていなかったのではないかと思います。

あるいは、彫《ほ》り物師のなかには、年齢《ねんれい》が百歳近くなっても、自分が百二十歳、百四十歳まで仕事が続けられるように、よい木を仕入れて持っている人もいます。そういう人たちは、「仕事をずっと続けていこう」と念じてやっています。やはり、基本的には、そうした努力があるわけです。

## 五十数年間の努力は「城の石垣《いしがき》」のように崩《くず》れない

私自身、「自分は田舎《いなか》出身なので、大して勉強ができたわけではない」と思っているのですが、この年齢になると、周りには若い人のほうが多くなるため、彼らから、もともと大秀才《だいしゅうさい》や天才であったかのように言われることがあります。

しかし、「それは、ほぼ勘違《かんちが》いだ」と断言してよいでしょう。私の教育環境《かんきょう》は、都会で勉強している人たちに比べれば、はるかに劣悪《れつあく》な環境でしたし、自分自身の勉強スタイルに関しても、決して要領のよいものではなかったと思います。

したがって、今の私があるのは、長い間、あきらめずに根気よく努力を続けた成果によるのです。

例えば、現在、数多くの本を出してベストセラーになり、それがもとになって幸福の科学の教えが広がり、信者が増えています。その結果、建物が建ったり、学校が建ったり、映画ができたり、海外伝道が進んだりしていますが、一夜漬《づ》け的な勉強をして、にわかに、そういうことができるようになったわけでも、五億円のジャンボ宝くじが当たったわけでもないのです。

それは、五十年有余《ゆうよ》、一生懸命に、一途《いちず》に積み重ねてきた結果であり、その実力は簡単に壊《こわ》れるものではありません。五十数年間続けてきたものは、がっちりと積み上げた石垣《いしがき》のようなものであり、簡単には壊れないのです。

お城の石垣は、台風が来ても、そう簡単に崩《くず》れません。それと同じです。つまり、それだけの重石《おもし》がかかっているのです。

私は、宝くじでも当たったかのように、ヒット作を書いているわけでもなければ、トリックや手品を使って人目を引いているわけでもありません。今までの五十数年間、うまずたゆまず続けてきた志と、その実行の成果が現れているだけなのです。

一部のマスコミ等からは、いわゆる〝文章を売る稼業《かぎょう》〟をやっているためか、嫉妬《しっと》とおぼしき〝紙つぶて〟がいろいろと飛んではきますが、私からすれば、「一日、二日で文章を書いている人たちの勉強とは、どの程度のものなのか」と訊《き》きたいところです。

少し見聞した程度のことで活字を埋《う》め、売文している業者たちに批判をされても、〝石垣〟はびくともしません。それは、何十年もかかって、努力してつくってきたものなのです。「文章を書いているから同業だ」と思っている人もいるかもしれませんが、私は、そういう人たちに対して、「冗談《じょうだん》ではない。たとえて言えば、あなたがたは、河原で石を投げているだけだろう。こちらは、お城の石垣になるような何トンもある重い石を積み上げてきたのだ。一緒《いっしょ》にしてくれるな」と申し上げたいと思います。

## 4　世界の人々を救う「不滅《ふめつ》の真理」

### 海外巡錫《じゅんしゃく》で実感した「真理は伝わる」という手応《てごた》え

新しい宗教を「カルト宗教」のように批判する人もいますが、そうであれば、「カルト文学」や「カルトジャーナリズム」もありうるでしょう。

宗教は、はるかに古いものです。現在、遺《のこ》っているものだけでも、一万年にもわたる歴史を持っていますが、そのなかで延々と説き続けられたことのなかには、

「不滅《ふめつ》の真理」が必ず遺っています。

私は、ハワイから始めて、アメリカ、韓国《かんこく》、ヨーロッパ、台湾《たいわん》、オーストラリア、ブラジル、インド、ネパール、フィリピン、香港《ホンコン》、シンガポール、マレーシア、スリランカ、アフリカと海外巡錫《じゅんしゃく》をしてきました。その結果、「私が『真理だ』と思って話していることは、言語の違《ちが》う他の国の人々でも、きちんと分かってくれる」ということを実感しました。「キリスト教徒であろうと、仏教徒であろうと、イスラム教徒であろうと、真理は伝わる」という確かな手応《てごた》えを感じたのです。

それは、彼らが、長らく続いてきた宗教そのものを文化的背景として学んでいるからだと思います。そうした宗教文化を学んだ者にとって、私が説く教えは、まさしく、現代に説かれるべき真理を含《ふく》んでいます。だから、心に響《ひび》くのです。

しかし、頭から宗教を否定し、いわゆる淫祠《いんし》邪教《じゃきょう》扱《あつか》いをして、すべて「カルト」の一言で片付けるような者たちは、基本的に、「教養を積む努力をしていない」と断罪せざるをえません。

宗教というのは、人類最古の学問です。「宗教を勉強していない」ということは、人間として恥《は》ずかしいことなのです。

## 七十億の人口を抱《かか》える現代に「救い」が説かれないはずはない

そうした伝統的な宗教文化を学んでいれば、「昔にだけ、神や仏が遣《つか》わした聖《せい》者《じゃ》がいて、教えを説いていたわけではない。現代でも、七十億を超《こ》える人々が、この地上で生きているのだから、それだけ多くの人々の心の指針になるような教えが説かれないはずがない。そういう人が出てきて、教えを説かなければいけない」と確信せざるをえないと思います。

イエスでさえ、その当時には、カルト宗教扱いをされて、十字架《じゅうじか》に架かったわけですが、その後、キリスト教は長い時間をかけて世界に広がっていきました。さまざまな宗教家も迫害《はくがい》を受けているので、宗教には、その時代の「常識」に適合しないものもあるとは思いますが、ただ、今の時代において、これほどの人口がいる現代において、「救い」が説かれないことは、絶対にありえません。

例えば、仏教やキリスト教、イスラム教における後世の弟子《でし》たちが、「仏陀《ぶっだ》は再誕しない」「イエスは再臨しない」「ムハンマドは最後の預言者であって、もう二度とそういう人は出ない」などと言うことは勝手ですが、それは、自分たちの教祖を持ち上げて偉《えら》くすることによって、教線を延ばし、教勢を拡大しようとしているのでしょう。

しかし、たとえ、そういうことをいくら言おうとも、今、これだけ多くの人が世界で生きているときに、もし、地上を離《はな》れた天上界《てんじょうかい》において、神仏が人々を眺《なが》めておられるならば、必ずや、救いの手を伸《の》ばすはずですし、必ずや、この地球の一角から教えが説かれなければならないと思います。

昔、中国にも孔子《こうし》という偉大《いだい》な方が出ました。彼は、いろいろな国を放浪《ほうろう》して も受け入れられず、その教えは聞かれませんでしたが、後世の人たちは、その教えをだんだんに知るようになりました。つまり、「一般《いっぱん》レベルとしての『常識』は愚《おろ》かなものだ」ということです。やはり、凡人《ぼんじん》は凡人であって、天の一角から吹《ふ》いてくるような風を認識することはできないわけです。

また、「少しだけ人より賢《かしこ》い」と思って、オピニオンを垂れている人たちよりも、普通《ふつう》の人間として誠実に生きている人のほうが、素直《すなお》に物事を捉《とら》えることができるのではないかと思います。

## 真理を伝える人は「天国への導き」を受ける

最近、東北や九州で災害が起き、昨年は、奈良《なら》県や四国にも災害が起きましたが、今後も、日本および世界各国で、さまざまな災害が起きるでしょう。

これは、人智《じんち》を尽《つ》くしての戦いになると思いますが、やはり、世の人々に対して「正しい道を歩め」という天の警告も同時になされていることを知るべきです。神の教えが地上に説かれているときに、それを妨害《ぼうがい》する者のほうが大きな勢力を張っているならば、それに対して何らかの警告は必ず起きると考えてよいのです。

したがって、今後、災害が起きたり、経済不況《ふきょう》等で倒産《とうさん》が数多く起きたり、失業者が数多く出たりするようなこともあると思いますが、不幸をかこつのではなく、「真理を学び尽くさず、真理を広げられなかった、その不十分さこそ恥ずかしい」と思って立ち上がっていただきたいと思います。

真理を広げることを妨害し、真理を過《あやま》たせ、それを隠《かく》し、葬《ほうむ》ろうとしている者に対して、勇気を持って戦ってください。

私は、みなさんに、人々の同情を乞《こ》う人間になってほしくはありません。そうではなくて、「勇ましく、人々に正しい真理を伝え、人間として立派な生涯《しょうがい》を送れるように導く者になっていただきたい」と心から願っています。

そういうことを、嘘《うそ》や冗談《じょうだん》ではなく、また、人を騙《だま》したり、きれいな言葉だけで言ったりするのでもなく、日々、本心から願って生きられる人は、必ず「天国への導き」を受けるでしょう。

そういう人は、むしろ、「天国への導き」を受けることなど期待する必要はありません。天国に還《かえ》るのは当然のことなのだから、そんなことは忘れて、日々、自らがやるべきことをやっていくことが大事であると思います。

## 5 「企業家精神《きぎょうか》」によって豊かな社会を

本日は、仙台正心館落慶《せんだいしょうしんかんらっけい》に際して、やや厳しい話になりました。

今、民主党政権下で、日本全土が「物乞《ものご》い民主主義」になろうとしています（説法《せっぽう》当時）。「福祉《ふくし》」という名のもとに、「とにかく、お金をばら撒《ま》こう」と一生懸命《いっしょうけんめい》になって増税をかけ、資本主義の精神を殺そうとしているため、「この先は、非常に険しい」と私は思っています。

そうではなくて、やはり、「企業家《きぎょうか》精神」を発揮することです。

一人ひとりが頑張《がんば》るとともに、企業が頑張って雇用《こよう》を増やし、収入を増やし、税金を納め、失業者を吸収し、みんなが働ける豊かな社会をつくっていく方向に努力しなければいけないと思います。〝乞食《こじき》の群れ〟をつくるのではなく、「企業家精神」に満ちた、やる気のある人材を輩出《はいしゅつ》することが大事です。

そのためには、同情を乞いすぎないことです。また、同情を求める人たちに対して、あまりにも甘《あま》やかしたり、生やさしい言葉をかけたり、自分のエゴを満足させたりするような事業に邁進《まいしん》しないことを願いたいと思います。

増税は国民に対する厳しい教育なのかもしれませんが、政府においても、「自らの脇《わき》が締《し》まっているかどうか」ということは問われるはずです。自らの脇を締めつつ、どうしても必要であれば、国民に増税を言うことも結構ですが、世界も日本も不況《ふきょう》で、世界恐慌《きょうこう》の足音さえ聞こえている現今《げんこん》です。そうしたなかで、日本の国自体が政府の予算のことだけを考える自己保存のなかに入っているとしたら、それは大きな間違《まちが》いです。

日本は、ギリシャやイタリア、スペインのような状態にあるわけではありません。今、大事なことは、もう一度、産業立国の精神を奮い立たせ、企業を大きくし、収入を増やし、雇用を増やし、政府から補助金をもらって生きなければならない人の数を減らしていくことです。
東北の人たちには少し厳しい内容かもしれませんが、こうした精神を持たなければ、日本もまた〝海の底〟に引きずり込《こ》まれることになるでしょう。

強くあってください。
勇気ある日々を生きてください。
できることからで構わないので、やるべきことをやってください。
自分のできることや可能なことをやっていってください。
それが、重要なことです。

仙台正心館の落慶を、教団からの〝震災《しんさい》のお見舞《みま》い〟と思うのではなく、それが「東北の地を光満たせ」という意味であることを、どうか肝《きも》に銘《めい》じてください。戦いは、これからです。まだまだ始まったばかりなのです。今後、もっともっと戦い抜《ぬ》かなければなりません。決して、東北を〝不浄《ふじょう》の地〟にしないように努力していただきたいと思います。

# 第4章

# 勇気からの出発

2012年7月15日　宮城県・幸福の科学 仙台正心館にて

## 1　東北の「光の灯台」として

### 仙台正心館《せんだいしょうしんかん》は、被災地《ひさいち》の人々の「心の拠《よ》り所」

昨年、東日本大震災《だいしんさい》が起きたあと、私は、「被災地《ひさいち》のために何かできることはないか」と考えた結果、仙台正心館《せんだいしょうしんかん》を建立《こんりゅう》することにしました。

阪神《はんしん》・淡路《あわじ》大震災は局地的なものでしたが、東日本大震災は非常に広範囲《こうはんい》なもので、被害の程度が大きすぎるため、「これは、そうとうな予算がないかぎり、救済活動はできない。国家レベルでなければできない」と判断し、「まず、被災地の人たちを励《はげ》ますような、何か象徴《しょうちょう》的なものが欲《ほ》しい」と考えたわけです。

本来は、宇都宮《うつのみや》に幸福の科学の総本山があるために、仙台正心館は、国内最後の正心館になる予定だったのですが、他の所をすべて飛ばして、仙台に正心館を建てることにしたのです。

そういうことで、不幸中の幸いというか、東北の人にとっては、「心の拠《よ》り所になるものが予定よりも早くできた」という意味で、よかった面もあるのではないかと考えます。

また、あのような災害は、一つの象徴でもあり、「まだ東日本は光が弱い」ということを教えているのだと思います。その教訓を謙虚《けんきょ》に受け止めて、光を強くしなければいけません。

そのための「光の灯台」「光の発信源」が、この仙台正心館なのです。「東北方面は、ここを中心として守るのだ」ということです。

## 「一通の手紙」が仙台正心館《せんだいしょうしんかん》建立《こんりゅう》を決意させた

仙台正心館《せんだいしょうしんかん》の建立《こんりゅう》を決めたきっかけは、被災地の信者からの一通の手紙でした。「こういうときに、仙台正心館があったら、どれほど心強かったか」ということを書いてこられた手紙があったのです。

「秋田には精舎《しょうじゃ》（東北・田沢湖《たざわこ》正心館、秋田信仰館《しんこうかん》）がありますが、あそこまでは、そう簡単に避難《ひなん》できそうにありません。やはり、東北の表玄関《おもてげんかん》は交通の要衝《ようしょう》である仙台なので、仙台に大きな拠点《きょてん》があったら、私たち信者はどれほど心強いか分かりません。それがないのがつらいので、何とか、仙台正心館が建たないものでしょうか」という一通の手紙を読み、私は、「建てよう」と決意したわけです。

工事関係者の方々も、「何とか、震災一年後の三月十一日までに建てよう」と頑張《がんば》っていたのですが、さすがに一年では建てられず、七月の完成ということになりました。ただ、できるだけ早く建てるために、吹《ふ》き抜《ぬ》けの大きなホールを持つスタイルのものにしました。

ささやかではありますが、私たちの思いを受け止めていただければ幸いです。

一部、全国から被災地に入って救援《きゅうえん》活動等に従事した人もいらっしゃいますし、幸福実現党のほうでも、いろいろな活動を行ったと思いますが、かなり広範囲にわたる被害だったため、二次被害、三次被害が出る可能性もあって、なかなか手が出せないような状況《じょうきょう》ではあったと感じています。

したがって、「むしろ精神的なもののほうが大事かな」と思い、その象徴としての仙台正心館を建立したわけです。

日本全国には、ほかにも大きな拠点はありますが、今後、東日本で有事があったときには、ここが一つの基地となり、いろいろな救済活動や慈善《じぜん》活動、あるいは、心の教えを説く活動等の中心地になるだろうと考えています。

## 個人的に行《おこな》った、ささやかな「復興支援《しえん》」

私が個人的にできることは、ほとんどありませんでしたが、一つ、被災地の時計職人の方に時計を注文してつくってもらったことが挙げられます。

その方は人間国宝級の時計職人なのですが、岩手のほうで被災し、セイコーの東北の工場等も、そうとうな被害が出たため、時計がつくれないような状況になっていたのです。

そのとき、あるディーラーが、「人間国宝級の職人も被災しており、今、仕事がない状態になっているので、何とか助けてくださいませんか」と言ってこられたため、私は、「個人でできることは、こんなことぐらいだろう」と思い、「仙台正心館ができたら、そこで説法《せっぽう》をするつもりなので、それまでに間に合うようにつくってくれますか」と言って、一年前に依頼《いらい》したのです。この時計をつくるのに、ちょうど一年かかりました。丸一年かかって、奉納《ほうのう》していただいたところです。

そういう意味で、この時計は東日本復興の象徴の一つだと私は思っています。

私は、説法のときによく両手を挙げるので、会場の人たちには、時計のベルトの裏側がよく見えます。普通《ふつう》の時計は、表側は立派なのですが、裏側は非常に貧《ひん》弱《じゃく》なので、「裏側が大事です」と言ったら、裏側をクジャクの羽のような立派なデザインにしてくれました。

一年かけてつくってくださり、本当にありがたく思っています。ささやかなことではありますが、何らかの経済的復興の足しになれば幸いです。

また、セイコーからは、「自分たちの持っている土地も買ってくれませんか」と言われたのですが、さすがに、そこまでは無理なのでご辞退申し上げました。

おそらく、工場を立て直す資金が欲しかったのでしょうが、「当会も、今、中高一貫《いっかん》の学校をつくったり、大学をつくったりしていて、資金が必要なので、そこまでは厳しい状況です。できれば助けてあげたいのですが、今回は無理です。申し訳ありません」ということを申し上げました。そういう経緯《けいい》があります。

## 今後、世界を、いろいろな試練が襲《おそ》うだろう

いずれにせよ、私たちにできることは限られていますし、今後も、全国的に、いろいろと被災するようなことが数多く起きる可能性はあると思います。

今も九州で大雨があり、二十数名の死者が出ていますが（「平成二十四年七月九州北部豪雨《ごうう》」）、今後、こうしたことがもっと広がるでしょう。

これも歴史的な大雨で、地元では、「前例がない」と言っていましたが、東北で震災が起きたと思ったら、今度は南のほうで大雨が降ったわけです。天変地異は、どこへ来るか分かりません。九州のほうで大雨が降ったりすると、今度は阿《あ》

蘇山《そさん》あたりも少し心配になってきます。

今後、いろいろな試練が襲《おそ》うことはあろうかと思います。それは、日本だけでなく、世界を見ても、天変地異的な大雨や、火山の噴火《ふんか》など、いろいろなことが起きていますし、あるいは、経済的な危機や政治的な危機なども数多く起きています。

二〇一二年は、世界の指導者も変わるため（ロシア、アメリカ、中国、韓国《かんこく》など）、政治経済的にもいろいろな困難が起きてくる可能性がありますし、「何が起きるか分からない」という時期でもあると思います。

## 2　日本の政府は危機に対応できるか

### 尖閣《せんかく》問題に見る「日本の防衛意識」の弱さ

映画「ファイナル・ジャッジメント」（製作総指揮・大川隆法、二〇一二年六月公開）では、「日本は、戦後、平和が続いて安心し切っていたけれども、その甘《あま》い状態が、もう続けられなくなるかもしれない」という警告を出しました。

すると、七月には、尖閣《せんかく》諸島沖《おき》に中国船が三隻《せき》ほど現れて、「ここはわが国の領土である。われわれは正当な活動をしているのだから、日本の海上保安庁は出ていけ！」ということを堂々とアナウンスしました。向こうが本気であれば、こちらに勝ち目がないような状態です（説法《せっぽう》当時。八月十五日には、香港《ホンコン》の活動家を乗せた抗議船《こうぎせん》が魚釣島《うおつりしま》に到着し、七人が上陸する事件が起きた。中国は、その後も尖閣諸島の領海侵犯《しんぱん》や領空侵犯を繰《く》り返している)。

この問題に関して、アメリカは、動くのか動かないのか、分からない状況《じょうきょう》です。

そういう時期が巡《めぐ》ってきています。

以前の説法で、「もし、中国の船が何百隻も来たらどうする?」というようなことを言ったこともあります。これは、幸福実現党青年局長(現・女性局長)の釈量子《しゃくりょうこ》氏との対談本『猛女《もうじょ》対談　腹をくくって国を守れ』(幸福実現党刊)に掲載《けいさい》されています。

実際、昭和五十三年ごろだったと思いますが、福田赳夫《ふくだたけお》総理の時代に、尖閣諸島に中国船が百隻以上も来て、周りを取り囲んだことがあります(一九七八年四月)。これは完全な威圧《いあつ》状態でした。

そのあと、中国の副首相だった鄧小平《とうしょうへい》が日本に来て、福田首相と会い、「日中友好を進めるなら、尖閣問題はいったん棚上《たなあ》げしてもいい」というようなことを言ったので、福田総理は喜んでそれに飛びついたのです。「棚上げ」という言葉を、「もう争いごとをしない」という意味だと善意に理解し、「これで終わった。よかった」とホッとしていたわけです。

しかし、中国側は、「棚上げ」という言葉を、「中国の領土であることは当然だけれども、友好促進《そくしん》のために、一時期、権利の行使を見送る」という意味で言ったのだろうと思われます。

ですから、「中国船が数百隻も出てくる」というのは、ありえないことではなく、実際に、過去にはあったことです。突如《とつじょ》、そういうことが起きたときに、今の政府が対応できるかどうかは分かりませんが、一時的な対応だけでなく、さらに、「先行きがどうなるか」ということまで考えなければいけません。

石垣《いしがき》市の市長などは、一生懸命《いっしょうけんめい》に防衛を訴《うった》えて頑張《がんば》っているようですが、沖縄《おきなわ》本島のほうは非常に中国寄りで、「いつでも占領《せんりょう》してください」と言わんばかりの人が知事をやっています。

全体的に見て、日本の防衛意識は弱い感じがしますし、向こうの思惑《おもわく》どおりに、「原発等をみな停止しよう」という運動を一生懸命にやったりしています。

## 「福島の事故」に対する世界の見方は、日本とは違《ちが》う

東日本大震災《だいしんさい》以降、マスコミは、原発の放射能の危険性を煽《あお》り続けました。被《ひ》害《がい》が心配なのは分かりますが、実際には、放射線による被害よりも、「報道被害」のほうがよほど大きく、それによる経済被害や恐怖心《きょうふしん》の被害がそうとうありました。

東京に住んでいる人間までが、怖《こわ》がって逃《に》げ惑《まど》っているような状況でしたし、原発事故後まもない段階では、沖縄まで逃げたり、海外に逃げたりする人が続出

しました。やはり、もうひとつ、しっかりした気持ちを持っていなければいけないと思います。

福島の事故について、日本では非常な悲劇のように伝えられていますが、客観的に見ると、そうではありません。世界は、あれを見て、「日本の原子力技術は非常に高い」ということが、はっきりと分かったのです。それで、その後、日本に対して原子力発電所建設の発注が来たりしているわけです。「マグニチュード9・0という地震が起きたにもかかわらず、放射線被害で一人も死んでいないのは、ものすごい高性能だ」と驚《おどろ》き、ベトナム等から発注が来ていますし、ほかの国からも引きが来ています。

また、アメリカや中国は、むしろ原発推進の方向に走っている状況です。

したがって、「日本での報道と、世界の目には、違《ちが》うところがあるのだ」ということも知っていただきたいのです。

あまり過去を引きずってもいけません。「できるだけ前向きに取り組んでいこう」と考えなければならないと思うのです。

## 3 「民主主義」と「愛国心」の密接な関係

### 民主主義の始まりとなった「ペルシャ戦争」

先ほど、「軍事的な危機もある」ということを述べましたが、この点について、歴史を振《ふ》り返って考えてみたいと思います。

民主主義というと、すぐ「戦争反対」というように考える人が多いかもしれませんが、そもそも民主主義は、実は「愛国心」および「戦争」と非常に深い関係があるのです。

民主主義の揺籃《ようらん》の地というか、発祥《はっしょう》の地は、ギリシャと見てよいと思いますが、今から二千五百年ほど前、ギリシャは、ペルシャ（今のイラン）の大軍と戦争を行いました（ペルシャ戦争）。これは、はっきり言えば、「ヨーロッパ対アジアの戦い」だったのかもしれませんが、このときに行った「サラミスの海戦」は、世界史上の大海戦の一つとされています。

この戦争では、ペルシャ軍があまりに大軍だったので、「ギリシャの職業軍人だけでは人数が足りない」ということになりました。「祖国が滅《ほろ》びる可能性があるが、貴族階級の職業軍人だけでは守れない」ということで、当時の農民や一般《いっぱん》庶民《しょみん》などからも兵を集め、彼らも軍団に組み入れて祖国防衛をさせたのです。

ギリシャには、「重装歩兵と呼ばれる、盾《たて》を持って非常に重い装備をした部隊が、密集隊形で戦う」というギリシャ特有の戦い方があるのですが、そういう部隊にも、庶民や農民が入って戦ったわけです。

その後、「愛国のために戦争に参加したのだから、彼らにも政治的権利を与《あた》えなければいけない」ということになり、身分にかかわらず政治に参加する資格が与えられることになりました。実は、これが民主主義の始まりなのです。

要するに、「民主主義は、『愛国心』と非常に密接な関係がある」ということです。「国が滅びるかもしれない」という状況《じょうきょう》になったら、もう、身分や階級、地位、年収などは言っていられません。すなわち、国民全体が、「国を守るために戦う」という立場に立たなければいけなくなるのです。

## 大きな戦争の勝敗が「世界史の流れ」を変える

このペルシャとギリシャの戦争の勝敗を決したのが、「サラミスの海戦」でした。この戦いでギリシャ側が勝利を収めたことで、その後の二千五百年間、実質上、欧米《おうべい》系の優位が固まったと言えるかもしれません。

もっとも、アジア・アフリカにとっては、「劣勢《れっせい》になった」という意味で、不利だったのかもしれませんが、この海戦は、「ヨーロッパ系のほうが強くなって、ギリシャからローマへと文明がつながっていく大きな分かれ目だった」と思われます。

世界史上の大海戦には、ギリシャがペルシャに勝った、この「サラミスの海戦」が一つと、もう一つは、一五〇〇年代後半に、イギリスがスペインの無敵艦《かん》隊《たい》を破った戦い（アルマダの海戦）があります。

当時、スペインは、コロンブスやバスコ・ダ・ガマなどを世界探検に送り出し、スペインが海を支配している時代だったわけですが、このときに、イギリスがスペインの無敵艦隊とぶつかったのです。その結果、イギリス艦隊は、決死の戦いをして、絶対に負けないと言われていたスペインの無敵艦隊を破ってしまいました。

この勝利によって、十六世紀以降、「イギリスの世紀」が始まります。「七つの海」を支配するイギリスの時代が、ここから始まり、二十世紀の初頭まで続くのです。

こうした、世界史の流れを変える大きな事件があるわけです。

## 「白人による植民地支配」の転換《てんかん》点となった日露《にちろ》戦争

また、世界史上の大きな海戦の一つに、日露《にちろ》戦争における「日本海海戦」があります。これは、東郷平八郎《とうごうへいはちろう》等の率いる日本海軍と、世界最強と言われたロシアのバルチック艦隊との対馬沖《つしまおき》での戦闘《せんとう》です。この戦いで、東洋の一小国が、世界最強と言われた艦隊をほぼパーフェクトゲームで全滅《ぜんめつ》させたのです。これも大きな海戦の一つと言われています。

この戦いが、結果的に、アジア・アフリカ等の白人による植民地支配に対する、大きな時代の切り返し点になったのは事実です。

私は、アフリカに行ったときにも、そのことを感じました（注。二〇一二年六月、ウガンダに巡錫《じゅんしゃく》）。アフリカの人たちにとって、日本の存在というのは非常に大きく、「欧米を相手にして戦えた国というのは、やはりすごい」と感じているのです。

インドの人たちも、「インド独立の陰《かげ》には、明治維新《いしん》以降の日本の強さがあった」ということを、みな感じています。さらに、インドネシア等も、オランダのような小国に支配されていましたが、「日本の戦いがなかったら独立できなかった」と彼らは考えています。

また、今、話題になっているミャンマー（ビルマ）も、イギリスに長く植民地にされていましたが、「独立できたのは日本のおかげである」ということを、ミャンマーの人たちは、みな知っています。

そのように、世界史的な大きな流れが数多く起きているので、民主主義というのは、必ずしも、「愛国心」や「国防」などと別のものではないのです。そういうことを、教養の一つとして知っておいていただきたいと思います。

## 「国の衰退《すいたい》を招く言論」に対しては、断固として異《い》を唱《とな》えよ

日本では、戦後教育によって、「憲法九条をはじめとする『日本国憲法』を守っていれば平和が来る」という、ある種の信仰《しんこう》のようなものが長く続いています。

日本国憲法の草案をつくったのは、ＧＨＱ（連合国軍最高司令官総司令部）のスタッフたちであり、特に、憲法九条を書いたのは、ケーディス大佐《たいさ》という当時三十九歳《さい》の人であることは分かっているのですが、書いた本人が、あとで、「まだ、あの憲法九条を改正していないのは、驚《おどろ》きだ」などと述べているのが記録として遺《のこ》っています。

彼は、法律の専門家でも何でもなく、「九条に『国の交戦権は、これを認めない』と書いてあるけれども、私は『交戦権』の意味がよく分かっていなかった」と、書いた本人があとで言っているのです。これは驚きです。「交戦権を放棄《ほうき》すると、戦争ができなくなるが、それがどういうことを意味するのか、よく分かっていなかった」と彼は述懐《じゅっかい》しています。

日本は、海で隔《へだ》てられている島国であり、日米安保《あんぽ》があるので、今は何とか平和が守られていますが、はっきり言って、今後はどうなるか分かりません。そういう状況が来ているのです。

私は、自然災害や大きな事故等と、他国からの侵略《しんりゃく》を含《ふく》む軍事的な危機等は、性質的には非常に似ていると思います。

やはり、国民が、「一丸《いちがん》となって、国を守り、発展させていこう」という強い意志を持っていなければ、国を維持・発展させていくことは難しいのです。そのことを知っておいたほうがよいと思います。

したがって、国のなかで、国の没落《ぼつらく》や衰退《すいたい》、あるいは消滅を望むような人たちが、多数の勢力を持つようなことがあってはならないし、そうした言論が国民を洗脳し、引っ張っているような現状があるのなら、やはり、断固として、それに対して異《い》を唱えなければなりません。

## 4　世界に影響《えいきょう》を与《あた》えつつある幸福の科学

### 幸福の科学のあとから政治がついてくる

当会は、宗教にしては、少し変わった意見を言い続けていると思います。
簡単に言えば、宗教は、今、政治がやりたがっているようなことを主張するほうが、一般的《いっぱん》には人気が出ます。つまり、「平和主義」と「弱者救済型の福祉《ふくし》主義」を唱《とな》えれば、人気が出るというか、宗教らしく見えるのが現実です。

しかしながら、実際は、政治のほうが、票を取るために、平和主義や福祉主義を一生懸命《いっしょうけんめい》に言うのが常識になっています。

そういう状況《じょうきょう》を見ると、あえて、その流れに抗《こう》してでも、「どちらの方向に行くほうが、未来は前進するのか」ということを、声を大にして言わなければならないと思うのです。

その意味で、今、大事なことは、政治であろうと宗教であろうと、どちらでも構いませんが、国民が奮起し、奮い立ち、各人が力を二倍、三倍にして、「この国を、もう一段、力強く発展・繁栄《はんえい》させよう」という気持ちになることです。そして、この国だけにとどまらず、その考えなり思想なりを、他の国にも広げて影《えい》響《きょう》を与《あた》えていくことが、非常に大事ではないかと思います。

私は、世界を巡錫《じゅんしゃく》していますが、行く先々で、「反対の動き」をしているものとぶつかることがあります。

当会には、国家権力が行《おこな》えていない部分に、いち早く手を打っているところがあるので、「政治のほうがあとからついてくる」という感じなのです。

## 中国を恐《おそ》れさせた「ウガンダ巡錫《じゅんしゃく》」の成功

ウガンダでの私の講演会（二〇一二年六月）も、大きなインパクトを与えました。AP通信等を通じて、「日本から来た宗教がウガンダで成功した」というような見出しの記事が、世界二百社ぐらいの報道機関に流されたので、主要報道機関には全部、ウガンダでの成功が知らされています。その記事には、「大成功を収めた」という内容が書かれていました。

一方、それを受けて、中国の華僑《かきょう》系の新聞のなかには、一部、幸福の科学を恐《おそ》れる論調も出てきています。すなわち、「幸福の科学は、軍国主義で、反共団体なのではないか」というように解釈《かいしゃく》して書いているものも、一部にはあるのです。

また、「幸福の科学は、映画も製作しているし、習近平守護霊《しゅうきんぺいしゅごれい》や鄧小平《とうしょうへい》、さらには、北朝鮮《きたちょうせん》の指導者についても霊言《れいげん》が出ている」というように、霊言まで取り上げて書いてあるものも、中華系の新聞にはあります。そのように、当会は今、大きな影響を与えつつあるのです。

## キリスト教会に激震《げきしん》が走った「海外講演」の影響力《えいきょうりょく》

もう一つ、キリスト教系のほうにも、大きな影響《えいきょう》を与えています。

例えば、ブラジルは国民の八割がカトリックと言われる国ですが、そこでも私は大講演会を行いました（二〇一〇年十一月）。聴《き》きに来た人は、ほとんどがカトリックの人だと思われるものの、「初めて来た人の約八割が、その場で会員になった」という、衝撃的《しょうげき》なことが起きています。

それから、フィリピンも同様でした。フィリピンでは約六千人を集めて講演会を行いましたが（二〇一一年五月）、このときも、「初めて来た人の九割が、その場で会員になった」という、驚《おどろ》くべき結果が出ました。六千人のうち、会員ではない人は約二千三百人いたのですが、そのうちの二千百人以上が、私の四十分の英語説法《せっぽう》を聴いて、その場で会員になったのです。

そのため、カトリックはもちろん、プロテスタントのほうも含《ふく》めて、キリスト教会には激震《げきしん》が走っています。

さらに、私は香港《ホンコン》やシンガポールでも講演を行いました（二〇一一年五月、香港巡錫《じゅんしゃく》。同年九月、シンガポール巡錫）。このあたりには、いちおう無神論の傾《けい》向《こう》があるものの、こういう所にもキリスト教は広がっています。

ウガンダも、キリスト教徒が国民の八割を占《し》めている国です。イスラム教徒もいるのですが、やはり、過激に反応してきたのはキリスト教のほうであり、ものすごく怖《こわ》がっていたのです。

実際、講演会の案内の看板などを見て、私も、「ああ、これは怖いだろうな」とは思いました。

日本では、看板なども、ささやかにしか出せないため、あまり目立たないのですが、海外で行うときには、巨大《きょだい》な看板が、あちこちにたくさん立っていますし、テレビでも、ウガンダの国営放送で、毎週、「ハッピー・サイエンス・アワー」という番組を流しているのです。

日本では、ＢＳ11《イレブン》で「未来ビジョン　元気出せ！　ニッポン！」という番組を放送していますが、あれは、第三者がつくったようなふりをして、実は、当会がつくっている番組なのです。ただ、日本の報道規制はけっこう厳しくて、当会がつくっている番組なのに、当会の人間はなかなか出られないため、外部のシンパを呼んで出演してもらっています。

逆に、アフリカの地では、毎週日曜日に「幸福の科学の時間」（ハッピー・サイエンス・アワー）という番組を放送し、当会の教義や、いろいろな人へのインタビュー、現地で製作したストーリーなどをたくさん流しているため、かの地で長く活動しているキリスト教会などは、もう戦々恐々《せんせんきょうきょう》で、「なぜ、こんなところにまで入り込《こ》んでくるのだ」と心配しているようです。

## 今、イエスが出たとしても、私以上の仕事はできない

アジアや中東のほうのイスラム教徒には、なかなか厳しい面も少しありますが、ウガンダあたりのイスラム教徒には、あっさりとハッピー・サイエンスに入信してしまった人もいます。

イスラム教では、転向すると、普通《ふつう》は死刑《しけい》になるのですが、あのあたりでは、

転向した人を死刑にするだけの力がないらしいのです。

ウガンダの人たちは、「神は一つのほうがよいではないか」と口々に言っています。彼らは、「宗教同士が喧嘩《けんか》をするから、神は一つにしたほうがいい。これで国が一つにまとまれる。アフリカは、内戦などをたくさん経験しているので、もう、一つにまとまりたい」という気持ちを強く持っているのです。

「これで、ウガンダという国も一つにまとまれるし、アフリカのほかの国もまとまれる。また、自分たちも、自尊心を持って発展を目指せる。幸福の科学はいい宗教だから、これで一つになろう」

そういう運動が、今、起きています。やはり、「発展的な未来を拓《ひら》くためには、この教えがいちばん有効だ」という考えが出ているわけです。

それに対して、すでにある教会等からは、「幸福の科学の大川隆法は、キリスト教で昔から言われている偽《にせ》預言者、あるいは偽《いつわ》りのメシアかもしれない」というような疑いが一部には出ています。

しかし、私の講演会にスパイをしに入ってきたキリスト教の牧師がいたものの、講演を聴いて、その場で信者になってしまったのです。

私が偽預言者であることを証明するために〝取材〟しに来たのに、講演の内容に圧倒《あっとう》され、仰天《ぎょうてん》してしまって、その場で、そのまま入会してしまったスパイが何人もいたようです。それだけ感化力が強かったのでしょう。

もし、現代にイエスが出たとしても、今、私がやっている以上の仕事ができるはずはありません。本職の宗教家であればあるほど、その感じは分かると思います。

そういう意味で、今、幸福の科学の信仰《しんこう》は、はっきり言って国内をとっくに超《こ》えてしまっています。そのくらい、世界に広がっているのです。

## 私の本を読めば、「国家の未来ビジョン」が分かる

中国は、思想的に見れば、当会と敵対しているように見えるかもしれませんが、中国では、私の本の中国語版がベストセラーになっているので、中国の民衆は敵ではありません。彼らは、私の本をしっかり読んでいて、どんどん教えが広がっているのです。

それは、香港や上海《シャンハイ》などの中国南部だけではありません。北京《ペキン》でもベスト・テンに入っているので、民衆レベルでは、私の本はどんどん読まれているのです。

困っているのは、国家戦略を共産主義で固めて、ほかのものと敵対しようと考えている人たちです。当会は、そういうところとはぶつかっているかもしれませんが、民衆レベルではぶつかっていません。むしろ、この思想が今、中国の民衆のほうに広がっていることが、実は、彼らの「未来」を見るためのビジョンにな

ってきつつあるわけです。

要するに、「何に基《もと》づいて、戦えばよいのか。運動を起こせばよいのか。革命を起こせばよいのか」というビジョンが必要なのですが、そのビジョンに当たるものが、当会の本のなかに書いてあるのです。「この教えに基づけば、新しい国がつくれる」ということが、今、中国の人たちにも分かりつつあります。

また、香港はかなり弱りかかっていたのですが、二〇一一年に私が〝活《かつ》〟を入れに行ったところ、「自由」を取り上げられることへの反対運動を頑張《がんば》っています（五月二十二日の英語説法"The《ザ》 Fact《ファクト》 and《アンド》 The《ザ》 Truth《トゥルース》"〔「事実」と「真実」〕。『大川隆法　フィリピン・香港　巡錫の軌跡《きせき》』〔幸福の科学出版刊〕参照）。おそらく、台湾《たいわん》も同じようになるでしょう。

## 「未来」を指し示し、砕氷船《さいひょうせん》のごとく進んでいきたい

さらに、私は、「北朝鮮も絶対に自由化してみせる」と考えています。

これは念力《ねんりき》戦ですが、「二千万の国民を不幸にし続けるような『この世の地獄《じごく》』を、いつまでも置いておくものか」と思っていますし、国家のトップが、「日本国民を百人以上もさらっていった」ということを自ら認めて平然としていられるような国は、許すべきではありません。

「宇宙人にさらわれた」というのなら手が届きませんが、「現に存在する国が、軍事演習で日本人をさらっていったまま返さない」などということは、決して許してはならないことです。これに対しては、国として怒《おこ》らなければいけないのです。

にもかかわらず、「きちんとした交渉《こうしょう》もできない」というのでは、日本は国家としての体《たい》を成していません。

したがって、多少、悪者に見えたとしても、私たちは、世間《せけん》の言論や、世論《せろん》、国家の政策などの少し先を訴《うった》えていきたいと考えています。例えば、南極の基地に行くときに、砕氷船《さいひょうせん》が氷を割って進んでいくように、私たちも、〝氷〟を割って進んでいきたいのです。

そのあとから、国であろうと、他の政党であろうと、マスコミであろうと、あるいは、一般の人々の声であろうと、ついてきてくださって結構ですが、私自身、「矢面《やおもて》に立って未来を指し示し、進んでいきたい」という気持ちを持っていますし、幸福の科学は、今、この国において、そういうことができる唯一《ゆいいつ》の戦力だと思っています。

## 5　未来を拓《ひら》くための出発点

### 釈迦《しゃか》が経験した、さまざまな「伝道」の苦労

私たちは、正論を吐《は》くことにおいて躊躇《ちゅうちょ》しませんし、間違《まちが》ったことに対しては、そう簡単には屈服《くっぷく》しません。

もちろん、いろいろな攻撃《こうげき》は受けるでしょうが、歴史上の宗教家を見れば、みな、大変な目に遭《あ》っているので、それを思えば、「今のような平和の時代は、まだまだ、ありがたいほうだ」と感じます。現代は、イエスのように、簡単に捕《つか》まえられて十字架《じゅうじか》に架けられるような時代ではありません。

また、釈迦《しゃか》にも、苦労した時代がありました。

彼は、成道前《じょうどうぜん》、五人の出家者《しゅっけしゃ》と一緒《いっしょ》に修行《しゅぎょう》していましたが、ミルク粥《がゆ》を供養《くよう》され、それを食べただけで、「堕落《だらく》した」と言われました。「あいつは断食《だんじき》修行を放棄《ほうき》して、栄養のあるものを摂《と》った。そんな堕落した者を、もう、リーダーや先生としては認めない」と言って、五人の仲間たちは散っていき、釈迦一人だけになってしまったのです。

その後、彼は、「中道《ちゅうどう》の悟《さと》り」を開き、伝道を開始するのですが、その途中《とちゅう》で会った人に伝道しても、まともに聞いてはもらえませんでした。「私は真理を悟ったのだ。最勝者になったのだ」と言っても、「はあ、そうですか」と言って去ってしまったため、最初の伝道は、うまくいっていないのです。もっとも、その人は、晩年、仏教に帰依《きえ》しています。

そのように、最初、自分一人だけの悟りだったものから、やがて大きな仏教教団が出来上がっていったわけです。

過去の宗教家は、みな、迫害《はくがい》を受けるなど、その時代相応に苦労をしているのです。

それから、釈迦が村祭りのときに托鉢《たくはつ》に行ったところ、まったくお布施《ふせ》をもらえなかったことがありました。そのときに、悪魔《あくま》がやって来て、「もう一回、托鉢に行ったら、今度はもらえるかもしれないぞ」と、意地悪く囁《ささや》いたりしたのです。そのような話も、文献《ぶんけん》には、はっきりと遺《のこ》っています。

村人たちが村祭りにかまけているときは、お坊《ぼう》さんが托鉢に行っても誰《だれ》も相手にしてくれません。そのように、お布施をもらえないときもあるわけです。

あるいは、「三月《みつき》、馬麦《ばばく》を食らう」という故事になった事件もあります。

釈迦教団では、夏の雨季の間は、「雨安居《うあんご》」といって、洞窟《どうくつ》などに止住《しじゅう》して修行をしていました。あるとき、在家《ざいけ》の信者から、「雨安居の三カ月間、食料を供給します」と布施の約束を取り付けたので、そこへ行って止住していたところ、その施主《せしゅ》、つまり「お布施します」と言った人が、ほかの教団にも布施の約束をしていたために釈迦教団への布施を忘れてしまったのです。

そのため、「三カ月間、馬の餌《えさ》の麦を食べなければいけない」という、非常に困窮《こんきゅう》した時期がありました。

このように、いろいろな人が、その時代相応の苦労をしているわけなので、私たちの苦労は、まだまだ十分ではないと思っていますし、幸福の科学は、全体的に見れば、日本の新宗教のなかでは、かなり認められているほうだと思います。

## 「救済力」に基《もと》づくフェアな競争が大事

一九八〇年代に起きた新宗教のうち、現在も生き残って大きくなっている教団は、当会一つぐらいしかありません。

ちなみに、当会の仙台正心館《せんだいしょうしんかん》の隣《となり》には、一九七〇年代に流行《はや》った新宗教の施設《しせつ》があり、かなりの刺激《しげき》を与《あた》え合っているのではないかと思います。

ただ、勢いにおいては、もはや競争する必要もないほどの差があるので、向こうは、信者を引き抜《ぬ》かれないように必死で頑張《がんば》るだろうと思われます。普通《ふつう》は、宗教団体の施設をつくる場合、喧嘩《けんか》をしないように、多少は距離《きょり》を取るものなのですが、土地を取得したときには、隣にそういう施設が存在することが分からなかったのです。

その教団にとっては、本当に運が悪かったとしか言いようがありませんが、決して悪意があったわけではないので、万一《まんいつ》、信者等が〝逃走《とうそう》〟してもお許しいただきたいと思います。私は、そういうつもりではなく、あくまでも東日本の発展・繁栄《はんえい》のために仙台正心館を建立《こんりゅう》したのです。

確かに、宗教のよし悪《あ》しはあるでしょうが、それでも、私は、「信仰《しんこう》の自由を守ることを優先したい」と基本的には思っています。「信仰の自由」を守り、あとは、宗教界のなかにおいて、「救済力」でフェアな競争をしていくことが大事だと思います。

つまり、「宗教の自由」「信教の自由」を全体的に守りながら、そのなかで、「どのように人を救済できるか」というフェアな競争をしていけばよいわけです。

その結果、信者が移動していくのはしかたがないことです。救済力の高いところに人が集まり、低いところは減っていきます。そういう新陳代謝《しんちんたいしゃ》は、歴史的にもよくあることです。あるときに流行った宗教が、次に流行らなくなることはあるのです。

当会にも、当然、その危険性はあるわけですが、それは、「常に新しい人々を救うための活動ができるかどうか」ということにかかっているのだと思います。

## 他宗の批判本を出したことで起きた「霊的《れいてき》な反作用」

最近、私は、統一協会やモルモン教などのキリスト教系の新宗教について、霊《れい》言《げん》による批判の書を出しました（『宗教決断の時代』『モルモン教霊査《れいさ》』『モルモン教霊査Ⅱ』〔いずれも幸福の科学出版刊〕参照）。この世的な活動としては、特に何も反作用は来ていませんが、あの世的な活動としては、その本で出された霊《れい》人《じん》たちが、多少、当会に〝攻撃〟をかけてきています。

つまり、当会を、自分たちの仲間に引き込《こ》もうとしているというか、「おまえたちも、同じように迫害されよ」というような感じの動きが、霊界《れいかい》側で起きていることが判明しています。やはり、本を出されたら、いちおう反撃はするようで、多少、動きがあることは分かっているのです。

そのように、いろいろなものがあろうかと思いますが、私たちは、「信教の自由」を大事にしつつも、やはり、「救済力」や「実際に人々を幸福にする力」によって教えを弘《ひろ》めていきたいと思います。

私は、「ほかの教団を倒《たお》して信者を増やしていこう」などと思っているわけではありません。「真理とは何か。真実とは何か」を求める活動を続けていくなかで、結果として、信者が増えるなり減るなりしていくのが、フェアなやり方なのではないかと考えているのです。

## 「宗教的なパワー」を胸に秘めて再出発を

いずれにしても、東北の地に、新たに大きな拠点《きょてん》ができたことをスタート点として、勇気を持って再出発していきたいと思います。

被災地《ひさいち》のみなさんも、あまりマイナス思考にとらわれることなく、あるいは、過去に引きずられることなく、再出発していくことが大事です。いろいろな不幸や災害、身内の問題、会社の問題、仕事の問題などがあろうかとは思いますが、済んだことは済んだことです。川の水と一緒で、流れ去ったものは、もう、もとには戻《もど》りません。

やはり、「これから、どう生きるか」ということが大事なので、もう一度、宗教的なパワーを胸に秘めて、再出発をすることです。

もちろん、国家や県や市等の援助《えんじょ》もあるでしょうし、彼らには、そういう義務もあると思いますが、「自分たちでできることは、自分たちでやっていく」ということが大事です。

当会も、「教団として、できることをやっていく」という、セルフ・ヘルプの精神を、もう一度、取り戻して、未来を拓《ひら》いていくための出発点にしたいと考えます。

そして、「あの東北が、こんなに元気になった」と言われるような未来をつくりたいと思います。

# 第5章

# 原発についての質疑応答

## 1 原発の地元の人たちに知ってほしいこと

【質問】

原発の地元に知り合いが住んでいます。その方に原発の必要性について話をしたところ、「そんなことを言われるとは思わなかった」と言われてしまいました。また、ほかの人からは、「原発の恩恵《おんけい》を受けているので、賛成とも反対とも言えない」という話を聞いたこともあります。こうした方たちに対して、どのように話をすればよいでしょうか。

二〇一一年八月二十一日、法話《ほうわ》「信仰《しんこう》と平和について」質疑応答より
静岡《しずおか》県・幸福の科学 静岡西支部精舎《しょうじゃ》にて

## 原発事故に関して、国民はマスコミや政府に洗脳されている

「静岡《しずおか》県には浜岡《はまおか》原発があるため、原発推進を言えるような雰囲気《ふんいき》ではない」ということは知っています。感情としては、そうかなとは思います。

ただ、これについては、政府とマスコミによる情報発信の問題もあるでしょう。

私は、震災《しんさい》後、いち早く、「これは風評被害《ひがい》ではなく、報道被害だ」と指摘《してき》しました（二〇一一年四月三日、法話《ほうわ》「『もしドラッカーが日本の総理ならどうするか？』講義」にて）。その後、外国では、そのように見る風潮が出てきて、「報道被害だ」という認定も出ているのですが、日本では、まだ報道被害とは見られていません。日本は情報鎖国《さこく》されているのです。

日本のマスコミは、「自分たちが被害を与《あた》えた」とは一切《いっさい》報道しません。しかし、海外の報道を見ていると、いろいろな機関が、「日本のマスコミ報道によっ

て被害が出ている」ということを書いているのです。

また、政府も、事実を隠蔽《いんぺい》し、自分たちに責任がないように、一生懸命《いっしょうけんめい》、持っていこうとしています。

ある意味で、日本国民は、そうとう洗脳され、騙《だま》されているのです。

## 原発を止《と》めたために増大した「熱中症《ねっちゅうしょう》の被害《ひがい》」

私は、六月ごろに、いち早く、「放射線では、まだ死者は出ていないが、原発を止《と》めて節電を国民に要請《ようせい》すると、熱中症《ねっちゅうしょう》で大勢の人が亡《な》くなるだろう」とかなり警告したのですが（二〇一一年六月二十六日、法話「『平和への決断』講義」にて）、残念ながら、そのとおりに、熱中症でたくさんの人が亡くなっています。

多いときには、一日に千人以上もの人が救急車で病院に運び込《こ》まれていますが、そういう状況《じょうきょう》になっても、政府には何も責任が発生しないし、誰《だれ》も辞《や》める必要がないわけです。

不思議です。病院が儲《もう》かるからでしょうか。それは分かりませんが、実際に、人が亡くなっているのです。特に高齢《こうれい》者は律儀《りちぎ》なので、政府から「節電に協力してください」と言われると、クーラーを弱めたり、止めたりして節電するわけですが、その結果、大勢の人が亡くなっているのです。やはり、一定の年齢を超《こ》えた人たちに対しては、「どうぞ、節電は無視してください」と言わなければいけなかったのではないでしょうか。

特に、最高気温が三十五度にまで上がった日には、数多くの人が亡くなっているので、政府は、「高齢者の方は、適当に室温を下げて、自分の命を守ってください。そうでなければ、放射線ではなく、熱中症で死んでしまいます。いいかげん、節電はやめてください」と言うべきだったのです。これは、政策的に、かなり〝人殺し〟をしたと思います。

どのマスコミも、熱中症で亡くなった人の人数を取り上げないため、みなさんは知らないかもしれませんが、多いときには一日千人以上が病院に運び込まれていましたし、一日に十人近くが亡くなっている日も、かなりあったのです。

これだけの被害《ひがい》が、もし、放射線漏《も》れによって発生したならば、大変な問題になるはずです。「放射線漏れで、一日に千人以上が救急車で病院に運ばれ、十人が亡くなった」などとなったら、それだけで、内閣は吹《ふ》き飛んでしまうでしょう。人の命は同じはずなのに、熱中症による被害ならば、内閣は吹き飛ばずに済むわけです。

やはり、政策的な判断、全体の判断というのは大きいのです。私も、民主党政権の〝政治主導〟の付けがここまで回ってくるとは思いませんでした。

菅《かん》さんは、突然《とつぜん》、浜岡原発を止めましたが、何の思慮《しりょ》もなく、自分勝手な意見を〝インスピレーション〟で言ったのでしょう。しかし、霊感《れいかん》もないのに言うと、こういう結果になるわけです。あるいは、悪い霊感があったのかもしれません。

## 「正確な科学的知識に基《もと》づく判断」の大切さ

日本の企業《きぎょう》は愚《おろ》かではないので、原子力行政に関しては、今、対策を着々と進めています。先進国として、今回の事故を乗り越《こ》えていくための再生プランや、災害等に対する防衛プランを構築すると思います。

特に、今回の福島第一原発に関しては、原子炉《げんしろ》等が地下に設置されていたことが判明しています。これでは、津波《つなみ》を受けた場合に防ぎようがありません。どうしても水が入ってくるからです。それで、冷却《れいきゃく》のためのポンプを動かす発電機も駄目《だめ》になってしまったわけです。

そもそも、原発をつくるときに、「当初の予定を変更《へんこう》し、高台を二十五メートルも削《けず》って、海抜《かいばつ》十メートルの高さまで土地をならし、そこから、さらに地面を掘《ほ》って、海抜下の地下に原子炉を設置した」ということなので、今回の事故は、人為的《じんい》に防げたと思います。

また、今回の事故では、大勢の人が被曝《ひばく》して、亡くなったわけではありません。「放射能だ」「セシウムだ」などと言っていますが、結局、被曝量といっても、CTスキャンを年一回受けたぐらいの量しか受けていないので、本当は、命に別状はないのです。

これについては、「科学知識が足りないために、原爆《げんばく》と区別がついていないことが大きい」と言わざるをえません。確かに、原爆が爆発し、莫大《ばくだい》な放射線を受けたのならば、それは大変なことです。みな、「原爆展」の印象が強いせいか、「皮膚《ひふ》が焼けて、ケロイド状になる」ということと混同しているのではないでしょうか。

ところが、実際は、CTスキャンやレントゲンを、年一、二回、受けるのと同じぐらいの被曝量です。みなさんは、診察《しんさつ》の結果、医師に言われたら、ＣＴスキャンやレントゲンを受けると思いますが、それでも被曝するのです。

それから、ラジウム温泉というものがあります。これは放射能を含《ふく》んでいる温泉ですが、「ラジウム温泉に入ると健康になる」と言われています。微量《びりょう》の放射線に関しては、健康を促進《そくしん》する効果（ホルミシス効果）があるのです。

「微量の放射線も駄目だ」と言うのであれば、「ラジウム温泉も危険」ということになるので、行かないほうがよいのでしょうが、そうなると温泉は潰《つぶ》れてしまうでしょう。

## 「悪い話」で儲《もう》けようとするマスコミは一種の「恐怖《きょうふ》産業」

このように、マスコミは、正確な科学的知識に基《もと》づく判断ができていないし、報道もしていません。なぜかというと、商売上の理由があるからです。

実は、悪い話が大きければ大きいほど、マスコミは儲《もう》かります。残念ですが、そうなのです。人間には、「悪い情報に反応し、よい情報にはあまり反応しない」という傾向《けいこう》があるため、マスコミは、よいことは小さくしか報道せず、悪いことは大きく取り上げるのです。

「人々の恐怖《きょうふ》を膨《ふく》らませることによって、商売が繁盛《はんじょう》することになっている」という意味では、これは一種の「恐怖産業」と言えるでしょう。

要するに、想像をたくましくして、悪いことを言えば言うほど、視聴率《しちょうりつ》や部数が伸《の》びることになっているため、今回のような報道被害が起きているわけです。

マスコミが熱中症について報道しないのも、そういう理由です。彼らは、原発への恐怖を煽《あお》っているために、熱中症で大勢の人が亡くなっても、原発を止めた政府の責任を追及《ついきゅう》せず、黙《だま》っているのです。

## 「原爆《げんばく》」と「原発」の区別がつかない原発反対論者

それから、ほとんどの原発反対論者は、朝日・岩波系の〝平和主義者〟とつながっていますが、このへんの人たちは、みな、「原爆《げんばく》」と「原発」の区別がついていません。

広島・長崎《ながさき》に原爆を落とされて怒《おこ》っているのであれば、原爆を落としたところに対して抗議《こうぎ》すべきでしょう。それが正当な頭の使い方です。

ところが、彼らは、それができないために、「こんな悲惨《ひさん》な目に二度と遭《あ》わないようにしましょう」と言って、〝自家中毒〟を起こしています。そして、「誰が悪いかは分からないが、とにかく原子力が悪いのだ」と考えて、責任を原子力に転嫁《てんか》しているわけです。

ただ、原爆が落ちた以上、落としたところがあるはずなので、やはり、その落としたことの判断について、「正しかったかどうか」の判定をしなければいけないでしょう。

平和主義者たちは、原子力のほうに責任を持っていっていますが、原子力自体は、人類が開発した最先端《さいせんたん》の技術であり、上手に使って被害が出なければ、別に問題はありません。特に、日本のように資源のない国においては、救世主的なものなのです。こうした「半永久的にエネルギーを供給できる」というシステムは、なかなか手に入るものではありません。

もちろん、代替《だいたい》エネルギーの研究は進んでいますが、それらは、すぐに原発に代わることはできません。それは分かっていることです。

熱中症で大勢の人が亡くなるぐらいであれば、私は、マスコミの悪い報道を読まないほうがよいのではないかと考えます。

## 原発をゼロにすると「戦争の危険」が高まる

もう一つ、ヨーロッパでは、ドイツなどの国々が「原発を中止する」と言っていますが、「原発大国のフランスが電力を輸出してくれているので、別に自国で原発を動かす必要はない」という事情がＥＵ（欧州連合《おうしゅうれんごう》）のなかにあることは、知っておかなければいけないでしょう。

また、「放射線被曝予防に有効」というデマを信じて、味噌《みそ》や塩を買いまくった中国人でさえ、「原発はまだまだ推進する」と言っています。そのへんの事情もよく知っておかなければいけないと思います。彼らは、原発の必要性が分かっているのです。

もし、日本が原発をすべて止めたならば、基本的には、化石燃料に頼《たよ》らなければ無理になります。そうすると、国としては、むしろ戦争の危険が非常に高まると思います。

つまり、「中東やアフリカから原油を運ぶタンカーが、海峡《かいきょう》を無事に通過して、日本まで来れるかどうか」という、シーレーン（海上交通路）防衛の問題が出てくるわけです。

自衛隊を、中東やアフリカまで派遣《はけん》し、民間業者の石油タンカーをずっと護衛できるでしょうか。中国は、台湾《たいわん》や南シナ海等の支配を狙《ねら》っていますが、もし、そうなったならば、中国海軍といろいろな所で遭遇《そうぐう》し、交戦状態にならないとも限りません。そのときには、「交戦権のない状態で守れるのか」という問題が出てくるはずです。

結局、〝平和主義者〟たちの言うとおりにすると、日本は、中国等に包囲網《ほういもう》をつくられ、潰される方向に持っていかれることになるでしょう。結果的には、日本人を苦しめることになる可能性が高いと思います。

太陽光発電や海洋発電など、いろいろと研究していること自体は、もちろん、よいことだと思いますが、効率的に見て、原発の代替ができるようになるためには、かなり時間がかかるのではないでしょうか。

さらに、原発をやめたならば、費用も余分にかかることになります。原発を開発するために、今までに何十兆円もかけていますが、これが全部無駄になってしまうのです。民主党政権は、八ッ場《やんば》ダムの建設を中止したのに続き（現在は再開）、何十兆円という原発の開発費用を反故《ほご》にしようとしているのです（説法《せっぽう》当時）。

しかも、石油や天然ガスの輸入を増やし、火力発電の割合を増やすことになるため、「二酸化炭素の排出《はいしゅつ》を二十五パーセント削減《さくげん》する」という約束も反故になり、けっこう昔帰りをすることにもなるでしょう。

## 仏や神は「信仰《しんこう》を持っている者」を最終的に見捨てない

浜岡原発について言えば、心配しているようなことは、そんなに起きないと思います。

学者というのは、けっこう、いいかげんなものです。地震学者の石橋克彦《いしばしかつひこ》氏は、三十数年前、「東海大地震はいつ来るか」という問題に関して、「トランプにたとえると、五十三枚のカードを三年に一枚ずつめくって、四十一枚までめくったが、まだジョーカー（大地震）が出ていない。残りは十二枚しかないから、次に出てもおかしくない」などと言っていました。しかし、すでに三十数年がたっています。結局、学者にも、地震がいつ起きるかは分からないのです。

ただ、やはり、運のよい人と悪い人とがいますので、できれば、運のよい人のほうに分類してもらえるように、頑張《がんば》っていただきたいと思います。

ちなみに、幸福の科学の信者は、生存率が高いのが特徴《とくちょう》です。宗教別に生存率を出してもよいかもしれませんが、当会の信者は、助かる率がかなり高いのです。試《ため》しに、原発の周りに住んでいる人たちに、一生懸命、伝道し、信者になってもらってもよいかもしれません。信者でいっぱいになるようであれば、巨大事故《きょだいじこ》は、絶対、起きないようになるはずです。

なぜなら、事故が起きる前に、作業員たちに、「ここは、こうしておかなければいけない」などの予告がインスピレーションとして降りるはずだからです。ですから、必ず、よい方向に動くと思います。

どうか、「仏や神は、信仰《しんこう》を持っている者を、最終的に見捨てたりはしない」ということを知ってください。

まだ日本人全員が信者になるまでには少し時間があるため、多少エゴイスティックに聞こえるかもしれませんが、信者は徹底《てってい》的に守るように頑張ります。

## 2　福島の風評被害《ひがい》を払拭《ふっしょく》するには

【質問】

福島県には、放射能に対する風評被害《ひがい》があり、農作物の生産者の方などは、とても悩《なや》んでいます。また、震災《しんさい》がトラウマになり、余震があると、「また不幸が起きるのではないか」と思って、自分の殻《から》に閉じこもってしまう人もおられるため、「心のケア」も必要だと思っています。そこで、福島県民の発展・繁栄《はんえい》のために、アドバイスをお願いいたします。

二〇一二年三月十一日、法話《ほうわ》「されど光はここにある」質疑応答より
宮城《みやぎ》県・幸福の科学 日本再建祈念館《きねんかん》にて

## 風評被害《ひがい》ではなく、「報道被害」の側面が強い福島

福島県に関しては、どちらかというと、「二次被害《ひがい》」という感じが非常に強くいたします。

震災《しんさい》が発生した最初のころには津波《つなみ》報道が流れましたが、津波の映像を何度も流していると、逆に洗脳されてしまい、恐怖心《きょうふしん》ばかりが増幅《ぞうふく》されるのでよくありません。

例えば、アメリカのワン・ワールドトレードセンターとツー・ワールドトレードセンターが、ハイジャックされた旅客機《りょかっき》に突《つ》っ込《こ》まれて壊《こわ》れましたが、そのシーンを何度も見ているうちに、アメリカ国民が強迫神経症《きょうはくしんけいしょう》のようになってきたため、アメリカのテレビ局は、その映像を流すのを止《と》めました。映像としては〝面白《おもしろ》い〟のですが、毎日見せられると、恐怖心が刷り込まれてくるので、流さなく

なったのです。

日本でも、津波の映像をある程度流した段階で、「これは、あまり流してはいけないのではないか」という感じが全体に働いてきたため、報道は、「放射線被害」のほうに移動していきました。

これは、映像として、ほとんど目に見えないものが多かったので、「今後、放射線によって、目に見えない被害がたくさん起きるのではないか」という不安を煽《あお》る報道が、一年近く続いたと思います。

したがって、福島の場合、風評被害と言うよりは、「報道被害」の側面が、そうとう強いのです。

## 「海外における震災《しんさい》報道」への対応が遅《おそ》かった日本政府

特に、海外のメディアに流れているニュースを見ている限りでは、初動期のいちばん悪い映像ばかりが繰《く》り返し流されており、「日本政府は、その報道について何もクレームをつけず、まったく手つかずの状態だった」ということがよく分かりました。

そのため、海外からは、日本中が汚染《おせん》されたかのような見方を、ずいぶん長い間されてしまったのです。しかも、日本人のレポーターがおらず、ほとんど中国人のレポーターが英語で伝えているような状態でしたので、政府としては、手を打つのがかなり遅《おそ》かったと思います。「風評被害」と言うには、あまりにも、この世的な知恵《ちえ》がなさすぎたのではないでしょうか。

例えば、私の著書『逆境の中の希望』（幸福の科学出版刊）には、「震災《しんさい》後、中国の温家宝《おんかほう》首相（当時）が来日したときに、『山形県と山梨《やまなし》県の農産物については、輸入を解禁する』と言った」ということが書いてあります。

山形県と山梨県は、放射線とはまったく関係がない地域ですが、向こうからは、

日本全体が台湾《たいわん》のような島に見え、「日本が丸ごと放射線で汚染された」という
ように見えていたのでしょう。
これに対しては、やはり、日本にディベートの習慣がないことが残念です。も
う少し、安全性について打ち返し、「日本はもう安全なのです」と言わなければ
いけません。
国内の報道についても、それが、まだ十分ではなかったように思います。
例えば、二〇一一年の五月に、仙台《せんだい》支部精舎《しょうじゃ》へ巡錫《じゅんしゃく》したとき、仙台のビルが全
然倒《たお》れていないのを見て、私も驚《おどろ》いたぐらいでした。
そのように、「大丈夫《だいじょうぶ》なところ」については放送せず、「壊れたところ」ばかり
を放送したら、「ほかのところも同じようになっているのか」と思ってしまいま
す。そのあたりのバランスが悪いのです。

## 「安全なところ」や「元気なところ」は報道しないマスコミ

また、福島についても、原発の悪い点ばかりを流していますが、今日（二〇一二年三月十一日）の「河北新報《かほくしんぽう》」には、「世界で稼働《かどう》する原発は、二〇三〇年までに五百数十基になる」という記事が出ていました。よその国の場合は平気なのですが、地元の場合には、「原発は悪い」と感じられるわけです。

いずれ、ほかのところで、次の大きな騒《さわ》ぎが起きると忘れられていくでしょうが、福島の場合、少し報道過多の面が多かったと思います。

したがって、福島に住んでいる方に関しては、マイナスの洗脳のようなもので暗い心をつくりすぎないように努力しないといけませんし、もう少し積極的にPRをしなければいけなかったと思います。

マスコミには、どうしても、いちばん悪いところだけを報道する癖《くせ》があります。

つまり、「怖《こわ》いところ」ばかりを見せ、「安全なところ」や「元気なところ」などをまったく報道として流さないので、全体のバランスというか、「全体のなかで、どうなっているか」というようなことが、日本人でさえも分からなくなってしまうのです。

例えば、原発事故が起こった段階で、東京あたりに住んでいる怖がりの人は、関西に向かって逃《に》げていきました。名古屋や京都、大阪《おおさか》まで逃げていったり、さらには沖縄《おきなわ》まで逃げていった人がいるぐらいです。

震災後、私が関西の支部に巡錫したとき、名古屋や大阪のホテルは満室だったので、「これは何ごとですか」と訊《き》いたところ、「東京から〝避難民《ひなんみん》〟が来ているのです」と言っていました。

その当時、東北の人は、東京近辺や関東に避難してきており、関東近辺の人は西のほうに避難しているという状況《じょうきょう》だったのですが、「少し過剰《かじょう》に反応しすぎている」と私は感じました。

## 正反対の結果になってしまった菅《かん》氏の原発視察

ちなみに、当時の首相であった菅《かん》氏は、自ら福島原発の視察に赴《おもむ》きました。ヘリコプターで飛んでいって現地に着陸し、安全なところをＰＲしたかったらしいのですが、その視察当日に、水素爆発《ばくはつ》が起きてしまったのです。つくづく運の悪い方です。

「『菅首相が来る』ということで、作業を中断してしまったため、水素爆発につながった可能性がある」と言われていますが、「運の悪い人は、本当に運が悪いものだな」と思いました。安全なところをＰＲするつもりでいたのに、正反対の結果になってしまったわけです。

そのあと、菅氏は恐怖心の塊《かたまり》になり、毎日、「東京までが放射線で汚染されてしまう」ということをイメージしていたらしく、「恐怖心の発信」を、そうとうしていました。

そのため、私のほうは、彼が早く引退するように引導を渡《わた》したわけです。そういう方が首相をしていると、国中がおかしくなってくるので、早く引退するように促《うなが》していたのです。

## 「元気になる情報」を発信している幸福の科学

とにかく、他力《たりき》を頼《たよ》ってもしかたがありません。やはり、自分たちで明るい心を持ち、少しでもよい情報を発信することが大事です。

通常、マスコミは、悪いことを中心に記事や報道を組んでいくのですが、それは、一日で解決できないものの場合には、有効ではありません。

例えば、犯罪など、「何か悪いことをした」という場合、それに関する批判をすれば、それを正すことができますが、全部、同じ手法で対応してはいけないのです。

つまり、権力者が何か悪いことをした場合、それを批判して正されるのならば構わないのですが、住民全員が、生活の向上を目指して頑張《がんば》っているときに、悪い報道だけを流していたのでは、救いようがありません。

しかし、マスコミは、「ここが、こんなによくなりました」というような報道をしても視聴率《しちょうりつ》が取れないため、そういう情報はあまり流しません。バランスとしては非常に悪いものがあると思います。

そのため、幸福の科学関連のメディアや新聞、雑誌などでは、逆に、「元気が出るような情報」を発信しなければいけないと思っています。

例えば、当会が提供しているテレビ番組である「未来ビジョン」(BS11《イレブン》「未来ビジョン 元気出せ！ ニッポン！」)は、百回ぐらい放送していますが(収録当時。二〇一三年二月現在、放送は百五十回を突破《とっぱ》した）、未来産業を起こして日本を元気にする方法などを、一生懸命《いっしょうけんめい》、発信しています。悪いビジョンばかり見せられると、そのとおりになるからです。

したがって、今後は、「福島版の未来ビジョン」というか、「どうしたら福島がよくなるか」「ここが、このようによくなった」というような情報を共有して、それを、もっともっと発信していかなければいけません。ただただ打たれてばかりではいけないと思います。

## 原爆《げんばく》が落ちても県を捨てずに頑張《がんば》った広島と長崎《ながさき》

この放射線の問題は、広島県民や長崎《ながさき》県民を見ればよく分かります。

広島でも長崎でも、原爆《げんばく》投下の直後は大勢の人が死んでいますが、その後も、広島県民も長崎県民も生きているのです。

現実に、原爆投下の日を中心にして、十万人ぐらいの人が死んだ所でさえ、人々は、その後《ご》も県を捨てずに、それを観光産業にまで変えて、力強く生き延びています。県を離《はな》れずに頑張《がんば》っているのです。

ましてや、福島の場合は、原爆が落ちたのとは違《ちが》います。福島の原発事故で亡《な》くなった人は、本当に数えるほどしかいないので、被害としては、ずっとずっと小さいものです。

外国のほうでは、「福島の原発事故は、スリーマイル島《とう》の原発事故ぐらい大きい」などというような情報が流れたこともありますが、現実には、放射線で人が死ぬ被害は出ていません。

今、マスコミが流しているのは、ほとんど、「もしかしたら、将来は、放射線を浴びたことによって発ガンするかもしれない」というような憶測《おくそく》記事ばかりです。

しかし、「ほとんどの人は、健康診断《しんだん》で放射線を浴びている」ということを考えると、それは、ばかばかしい話なのです。毎年、私たちは病院に行って、そのくらいの量の放射線を浴びていますし、ガン治療《ちりょう》のために放射線科があり、実際に放射線治療をしています。ガンを治すために放射線を使っているわけです。

私たちは、そのくらいの量の放射線を浴びているので、このへんを、もう少し冷静に分析《ぶんせき》しなければいけません。

## 全世界で「原発」が推進されている理由

また、東京電力に対しては、〝怒《いか》り心頭《しんとう》〟の方《かた》もかなりいると思いますが、彼らは、客観的に見れば優秀《ゆうしゅう》だったと思います。

「原発が世界の五百数十カ所で推進される」というのは、実を言うと、日本の技術水準を見て、「これは大したものだ。まだ行ける」と判断しているからです。

実は、かつてのソ連のチェルノブイリ原発事故や、アメリカのスリーマイル島の原発事故などに比べて、日本は、本当に鮮《あざ》やかなほど、ものすごく小さな被害に食い止めているのです。

先日（二〇一二年三月八日）、タイの首相が宮城《みやぎ》県まで来ていました。タイでは洪水《こうずい》が起こり、日系企業《きぎょう》がみな引いていって困っているため、「堤防《ていぼう》をつくったりするから、何とか戻《もど》ってきて、投資をしてほしい」とお願いに来ていましたが、仙台を見て、「地震があったはずなのに、ビルは、みな建っているではないか」と驚いて帰ったのではないかと思います。

日本人が国内で騒いでいる一方、ほかの国々は、まだ原発を推進しています。中国もアメリカも、そのほかの国も、そうです。ドイツだけが、「二〇二二年までに、すべての原発を止《と》める」と言っていますが、それは、フランスの原発で発電した電気を買っているため、自国で原発を推進する必要がないからです。

## 経済の混乱を引き起こした「民主党政権の判断ミス」

私のほうも、「原子力発電は、まだやめるべきではない」と言っていたのですが、案《あん》の定《じょう》、貿易収支が赤字になっています。原発を停止し、火力発電に切り替《か》えたため、石油や天然ガスなどの化石燃料の輸入量が大幅《おおはば》に増えたのです。

そのため、東京電力は「家庭向けの電気料金を十パーセントぐらい値上げしたい」と言っていますし、「企業向けの電気料金も十七パーセントぐらい上げたい」などと言っていますが（収録当時）、あっという間に貿易赤字になり、大損をしています。

また、関西では、将来、電気料金を値上げする可能性が高いにもかかわらず、ビルには、「節電しましょう」という垂れ幕がたくさん掛《か》かっていました。

例えば、私が関西のホテルに泊《と》まったとき、そのホテルでは節電しており、夜は、電気が半分ぐらいしかついていない状態でした。そのように、人々は節電に努めているにもかかわらず、やがて、関西の電気料金は値上げされることになるのではないかと思われます。

実は、節電は、「電気の売り上げが減る」ということなのですが、私は、「『このような状態は、国家社会主義における配給制のようなものが始まっていて、経済の運営がうまくいっていない』ということを意味している」と感じています。

いろいろな騒ぎに便乗して、経済の混乱が起きているように思うのです。

そこで、当会は、『日銀総裁とのスピリチュアル対話』（幸福実現党刊）を出して、国の政策を一部変えさせました。

それによって、日銀がほんの少し国債《こくさい》の引き受けをして、資金を出し、インフレターゲットを一パーセントに設定しただけで、あっという間に株価が一万円にまで戻って円安になり、輸出企業が立て直せるようなかたちに戻りました。しかし、もう一カ月早く手を打っていれば、もう少し早く効果が出たでしょう。

こういう「政策の判断ミス」の影響《えいきょう》は、そうとう大きいわけです。

## 貴重な経験を積んだため、今後「原子力行政」は進展する

マスコミの取材などが福島に来るときには、とにかく悪い話を聞こうとするだろうとは思うのですが、逆のことも発信しなければ損です。

「どんどん回復しています」「みんなが元気になっています」「○○もよくなりました」というようなことを言うと、ニュースとして面白くないので流してくれないでしょうが、やはり、そういう気持ちを持たないとよくなりません。

とにかく、「広島も長崎も、人はいなくなっていない」ということを肝《きも》に銘《めい》じて、再建することが大事です。

それから、日本の原子力技術は、やはり世界最高水準です。今回は、今まで経

験したことのないことを初めて経験しましたが、これを機に、必ずもっと賢《かしこ》くなるので、心配する必要はありません。レベル的には世界最高なので、彼らに任せておけば間違いないのです。

あとは、経済的なところを、もう少しうまく回すようにすることです。要するに、「物が売れないのをどうするか」といった部分の研究です。

また、「政府が勝手に設定した避難区域や汚染区域などが、本当に正確かどうか」という点を、もう少し考えないといけないと思います。

ともあれ、放射線の部分は、いずれ時間とともに風化して消えていくものであることは間違いありません。

それは、すでに、広島・長崎が証明していることなので、「必ず、時間とともに勝てるものだ」と信じてください。

例えば、当会には、栃木《とちぎ》県に、幸福の科学学園の那須《なす》本校があります。アメリカが最初に発表したアメリカ人への避難勧告《かんこく》を見ると、そのあたりまで、「放射線でやられるかもしれない」という範囲《はんい》に入っていましたが、私は、全然、心配していなかったので、「避難の必要はない。通常どおり授業を行うように」という指示を出しました。

原発事故の対応として、菅首相がヘリコプターで現地へ飛ばなければ、さらによかったのです。

単に原子炉《げんしろ》を冷却《れいきゃく》しさえすればよかったのですが、その冷却を、「真水でするか、海水でするか」で迷ったようです。「真水でなければいけないのかどうか」と、少し迷ったところもあるようですが、結局は海水をかけました。機械そのものはつくり直さなければ駄目《だめ》なので、すぐに海水で冷やせばよかったのです。

しかし、今回、貴重な経験を積みましたので、原子力行政に関しては、今後、進展が見られると思います。

## 「原発」は防衛上も非常に大事な意味を持っている

いずれ、未来においては、クリーンなエネルギーの量がもう少し増えることは間違いないと思います。しかし、今、もう一つ別の防衛上の観点から見ても、原子力発電に対し、左翼《さよく》運動と一体化して反対に回ることは、国にとって非常な国難を意味します。

ほかの国々は原発を推進しています。つまり、どこの国も、いざというときに原子力兵器で脅《おど》されることを怖がっているわけです。

日本は、原爆を落とされた唯一《ゆいいつ》の国なので、ほかの国に、「核《かく》兵器を持つな！」と言う権利を持っているのですが、「日本は原爆を落とされたのだから、原爆を持つな！」というのは、因果《いんが》関係から見て逆であり、おかしいことです。

私は、「福島の被害をもって、日本全体が、外国の侵略《しんりゃく》を容易にするようなかたちに持っていかれないように気をつけなければいけない」と思います。

特に、「原子力発電所がある」ということは、「いざというときは、防衛兵器として、核兵器等を、二、三年以内につくれる。核兵器で日本を脅す国が出てきた場合には、防衛上、そのようにできないこともない」ということを意味しています。原子力発電所がなくなってしまったら、それはできません。したがって、原発には、防衛上も大事な意味があるのです。

また、今後、国家予算の問題で、公務員の新規採用の削減《さくげん》がそうとう行われるようですが、今回の救援《きゅうえん》活動では、自衛隊員が約十万五千人動員されました。彼らは、一万九千人ぐらいの人を救い出し、九千五百人ほどの遺体も収容しました。非常に活躍《かつやく》したと思います。

国防上の問題で、他国による侵略が考えられる今、「自衛隊員は、減らすより増やさなければいけない。震災と国防上の問題の両方から見て、自衛隊員を増やしたほうがよいのではないか」と私は思っています。

現在、尖閣《せんかく》諸島から沖縄までが、危険地帯に入ってきています。「震災で自衛隊が十万人も出払《ではら》っていて動けない」というときに限って、それを知りながら、わざとやって来るような国もあるので、もっと努力しなければいけないと思っています。

## 「心の力」を強くして恐怖心《きょうふしん》を跳《は》ね返そう

被災者の方は、つらいでしょうが、広島・長崎は、その後《ご》、きちんと復興していますので、「将来的な心配はない。実は、もっと被害は少ないのだ」と思っていただいて結構です。

とにかく、「心の力」を強くして跳《は》ね返していってください。

「私たちは、放射線よりも強い力を持っているのだ。放射線も、神の力の支配下にあるのだ」ということを知ってください。

たとえ、自分に放射線がかかっても、「これは、必ず、体にとってよい方向に働く。毎日、ラドン温泉に浸《つ》かっているようなものだ」と考えれば、よくなるでしょう。むしろ、「恐怖心《きょうふしん》」のほうが、人を早く死なせてしまうのです。

毎年毎年、必ず、よくなります。共に頑張っていきましょう。

## あとがき

世の流れに抗して、正論を言い続けるのは、勇気のいることだ。しかし、私たちの活動は、「されど光はここにある」ということを、この国の人々に示しえたと思う。

真理は負けない。そして頑固《がんこ》なものである。

この国の国民《くにたみ》を正しく導き、未来への希望の法灯をかかげ続けたいと思う。

二〇一三年　三月二日

幸福《こうふく》の科学《かがく》グループ創始者兼総裁《そうししゃけんそうさい》　大川隆法《おおかわりゅうほう》

## 『されど光はここにある』大川隆法著作参考文献


『逆境の中の希望』（幸福の科学出版刊）
『政治と宗教の大統合』（同右）
『常勝思考』（同右）
『宗教決断の時代』（同右）
『モルモン教霊査』（同右）
『モルモン教霊査Ⅱ』（同右）
『大川隆法 フィリピン・香港 巡錫の軌跡』（同右）
『猛女対談 腹をくくって国を守れ』（幸福実現党刊）
『平和への決断』（同右）
『日銀総裁とのスピリチュアル対話』（同右）

『もしドラッカーが日本の総理ならどうするか?』（ＨＳ政経塾刊）

されど光《ひかり》はここにある　――天災と人災を超えて――

2013年3月7日　初版第1刷

著　者　　大《おお》川《かわ》隆《りゅう》法《ほう》

発行所　　幸福の科学出版株式会社

〒107-0052 東京都港区赤坂2丁目10番14号
TEL(03)5573-7700
http://www.irhpress.co.jp/

印刷・製本　株式会社 東京研文社

落丁・乱丁本はおとりかえいたします
©Ryuho Okawa 2013. Printed in Japan. 検印省略
ISBN978-4-86395-315-4 C0014
Photo: AP/ アフロ　時事

## 大川隆法 ベストセラーズ・逆境に打ち克つ

# 救世の法

### 信仰と未来社会

信仰を持つことの功徳や、民族・宗教対立を終わらせる考え方など、人類への希望が示される。地球神の説くほんとうの「救い」とは——。

1,800円

---

# 逆境の中の希望

### 魂の救済から日本復興へ

生誕55周年記念出版
著者法話
CD付

東日本大震災後、大川総裁が実際に被災地等に赴き行った説法集。迷える魂の鎮魂と日本再建に向けての具体的な指針などが示される。

1,800円

---

# 震災復興への道

### 日本復活の未来ビジョン

東日本大震災以降、矢継ぎ早に説かれた日本復活のための指針。今の日本に最も必要な、救世の一書を贈る。

【幸福実現党刊】

1,400円

※表示価格は本体価格（税別）です。

## 大川隆法ベストセラーズ・魂の救済のために

### 死んでから困らない生き方

**スピリチュアル・ライフのすすめ**

仏陀にしか説けない霊的世界の真実——。この世とあの世の違いを知って、天国に還る生き方を目指す、幸福生活のすすめ。

1,300円

---

### 永遠の生命の世界

**人は死んだらどうなるか**

死は、永遠の別れではない。死後の魂の行き先、脳死と臓器移植の問題、先祖供養のあり方など、あの世の世界の秘密が明かされた書。

1,500円

---

### 信仰のすすめ

**泥中の花・透明な風の如く**

どんな環境にあっても、自分なりの悟りの花を咲かせることができる。幸福の科学の教え、その方向性をまとめ、信仰の意義を示す書。

1,500円

幸福の科学出版

## 大川隆法 ベストセラーズ・反核平和運動を検証する

# アインシュタインの警告

### 反原発は正しいか

原子力の父とも言うべきアインシュタイン博士が語る反原発運動の危険性と原発の必要性。感情論で暴走する反原発運動に警鐘を鳴らす。

1,400円

---

# 核か、反核か

### 社会学者・清水幾太郎の霊言

左翼勢力の幻想に、日本国民はいつまで騙されるのか? 左翼から保守へと立場を変えた清水幾太郎が、反核運動の危険性を分析する。

1,400円

---

# 大江健三郎に「脱原発」の核心を問う

### 守護霊インタビュー

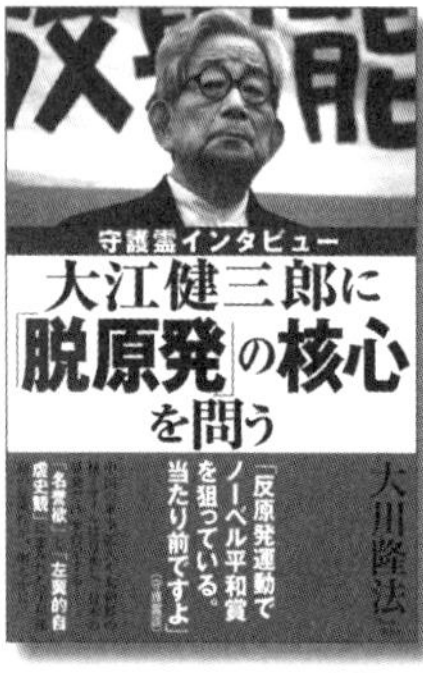


左翼思想と自虐史観に染まった自称「平和運動家」の矛盾が明らかに! 大江氏の反日主義の思想の実態が明らかになる。

1,400円

※表示価格は本体価格(税別)です。

## 大川隆法ベストセラーズ・時代を変革する精神

# 政治と宗教の大統合

### 今こそ、「新しい国づくり」を

国家の危機が迫るなか、全国民に向けて、日本人の精神構造を変える「根本的な国づくり」の必要性を訴える書。

1,800円

---

# 国を守る宗教の力

### この国に正論と正義を

３年前から国防と経済の危機を警告してきた国師が、迷走する日本を一喝！ 国難を打破し、日本を復活させる正論を訴える。
【幸福実現党刊】

1,500円

---

# 平和への決断

### 国防なくして繁栄なし

軍備拡張を続ける中国。財政赤字に苦しみ、アジアから退いていくアメリカ。世界の潮流が変わる今、日本人が「決断」すべきこととは。
【幸福実現党刊】

1,500円

大川隆法ベストセラーズ・**希望の未来を切り拓く**

# 未来の法

## 新たなる地球世紀へ

序　章　勝利への道
　——「思いの力」に目覚めよ
第１章　成功学入門
　——理想を実現するための考え方
第２章　心が折れてたまるか
　——「強い心」を発見すれば未来が変わる
第３章　積極的に生きる
　——失敗を恐れず、チャレンジし続けよう
第４章　未来を創る力
　——新しい時代を切り拓くために
第５章　希望の復活
　——さらなる未来の発展を目指して

2,000円

法シリーズ19作目

暗い世相に負けるな！　悲観的な自己像に縛られるな！　心に眠る「無限のパワー」に目覚めよ！　人類の未来を拓く鍵は、私たち一人ひとりの心のなかにある。

# 教育の使命

## 世界をリードする人材の輩出を

わかりやすい切り口で、幸福の科学の教育思想が語られた一書。イジメ問題や、教育荒廃に対する最終的な答えが、ここにある。

1,800円

※表示価格は本体価格（税別）です。

## 大川隆法ベストセラーズ・人生の目的と使命を知る

# 太陽の法

### エル・カンターレへの道

創世記や愛の段階、悟りの構造、文明の流転を明快に説き、主エル・カンターレの真実の使命を示した、仏法真理の基本書。

2,000円

---

# 黄金の法

### エル・カンターレの歴史観

歴史上の偉人たちの活躍を鳥瞰しつつ、隠されていた人類の秘史を公開し、人類の未来をも予言した、空前絶後の人類史。

2,000円

---

# 永遠の法

### エル・カンターレの世界観

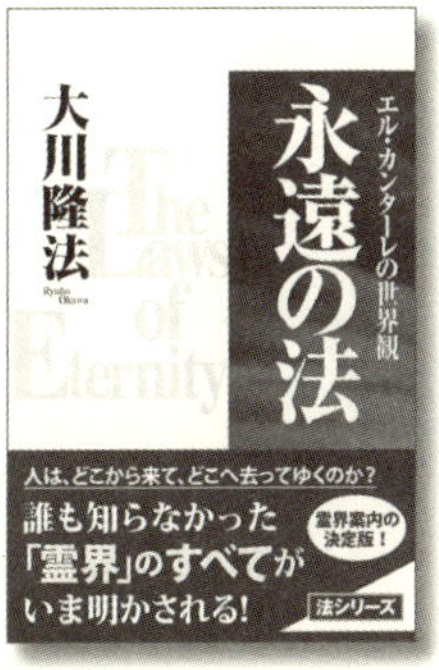


『太陽の法』(法体系)、『黄金の法』(時間論)に続いて、本書は空間論を開示し、次元構造など、霊界の真の姿を明確に説き明かす。

2,000円

# 幸福の科学グループのご案内

**宗教、教育、政治、出版などの活動を通じて、地球的ユートピアの実現を目指しています。**

## 宗教法人　幸福の科学

一九八六年に立宗。一九九一年に宗教法人格を取得。信仰の対象は、地球系霊団の最高大霊、主エル・カンターレ。世界百カ国以上の国々に信者を持ち、全人類救済という尊い使命のもと、信者は、「愛」と「悟り」と「ユートピア建設」の教えの実践、伝道に励んでいます。

（二〇一三年三月現在）

## 愛

幸福の科学の「愛」とは、与える愛です。これは、仏教の慈悲《じひ》や布施《ふせ》の精神と同じことです。信者は、仏法真理をお伝えすることを通して、多くの方に幸福な人生を送っていただくための活動に励んでいます。

## 悟り

「悟り」とは、自らが仏の子であることを知るということです。教学《きょうがく》や精神統一によって心を磨き、智慧《ちえ》を得て悩みを解決すると共に、天使・菩薩《ぼさつ》の境地を目指し、より多くの人を救える力を身につけていきます。

## ユートピア建設

私たち人間は、地上に理想世界を建設するという尊い使命を持って生まれてきています。社会の悪を押しとどめ、善を推し進めるために、信者はさまざまな活動に積極的に参加しています。

国内外の世界で貧困や災害、心の病で苦しんでいる人々に対しては、現地メンバーや支援団体と連携して、物心両面に渡り、あらゆる手段で手を差し伸べています。

年間約３万人の自殺者を減らすため、全国各地で街頭キャンペーンを展開しています。

公式サイト www.withyou-hs.net

ヘレン・ケラーを理想として活動する、ハンディキャップを持つ方とボランティアの会です。視聴覚障害者、肢体不自由な方々に仏法真理を学んでいただくための、さまざまなサポートをしています。

公式サイト www.helen-hs.net

INFORMATION

お近くの精舎・支部・拠点など、お問い合わせは、こちらまで！

**幸福の科学サービスセンター**

**TEL. 03-5793-1727**（受付時間 火〜金:10〜20時／土・日:10〜18時）

**宗教法人 幸福の科学 公式サイト happy-science.jp**

# 教育

## 学校法人 幸福の科学学園

学校法人 幸福の科学学園は、幸福の科学の教育理念のもとにつくられた教育機関です。人間にとって最も大切な宗教教育の導入を通じて精神性を高めながら、ユートピア建設に貢献する人材輩出を目指しています。

**幸福の科学学園**

**中学校・高等学校（那須本校）**

2010年4月開校・栃木県那須郡（男女共学・全寮制）

TEL **0287-75-7777**

公式サイト **happy-science.ac.jp**

**関西中学校・高等学校（関西校）**

2013年4月開校・滋賀県大津市（男女共学・寮及び通学）

TEL **077-573-7774**

公式サイト **kansai.happy-science.ac.jp**

幸福の科学大学（仮称・設置認可申請予定）

2015年開学予定

TEL **03-6277-7248**（幸福の科学 大学準備室）

公式サイト **university.happy-science.jp**

### 仏法真理塾「サクセスNo.1」

小・中・高校生が、信仰教育を基礎にしながら、「勉強も『心の修行』」と考えて学んでいます。

TEL **03-5750-0747**（東京本校）

### 不登校児支援スクール「ネバー・マインド」

心の面からのアプローチを重視して、不登校の子供たちを支援しています。
また、障害児支援の「**ユー・アー・エンゼル!**」運動も行っています。

TEL **03-5750-1741**

### エンゼルプランV

幼少時からの心の教育を大切にして、信仰をベースにした幼児教育を行っています。

TEL **03-5750-0757**

### NPO 活動支援

学校からのいじめ追放を目指し、さまざまな社会提言をしています。また、各地でのシンポジウムや学校への啓発ポスター掲示等に取り組むNPO「いじめから子供を守ろう！ネットワーク」を支援しています。

公式サイト **mamoro.org**

相談窓口 **TEL.03-5719-2170**

ブログ **mamoro.blog86.fc2.com**

## 政治

### 幸福実現党

内憂外患《ないゆうがいかん》の国難に立ち向かうべく、二〇〇九年五月に幸福実現党を立党しました。創立者である大川隆法党総裁の精神的指導のもと、宗教だけでは解決できない問題に取り組み、幸福を具体化するための力になっています。

党員の機関紙
「幸福実現NEWS」

TEL 03-6441-0754
公式サイト hr-party.jp

## 出版メディア事業

### 幸福の科学出版

大川隆法総裁の仏法真理の書を中心に、ビジネス、自己啓発、小説など、さまざまなジャンルの書籍・雑誌を出版しています。他にも、映画事業、文学・学術発展のための振興事業、テレビ・ラジオ番組の提供など、幸福の科学文化を広げる事業を行っています。

TEL 03-5573-7700
公式サイト irhpress.co.jpirhpress.co.jp

# 入会のご案内

## あなたも、幸福の科学に集い、ほんとうの幸福を見つけてみませんか？

幸福の科学では、大川隆法総裁が説く仏法真理をもとに、「どうすれば幸福になれるのか、また、他の人を幸福にできるのか」を学び、実践しています。

### 入会

大川隆法総裁の教えを信じ、学ぼうとする方なら、どなたでも入会できます。入会された方には、『入会版「正心法語」』が授与されます。（入会の奉納は1,000円目安です）

**ネット**でも**入会**できます。詳しくは、下記URLへ。**happy-science.jp/joinus**

### 三帰《さんき》誓願《せいがん》

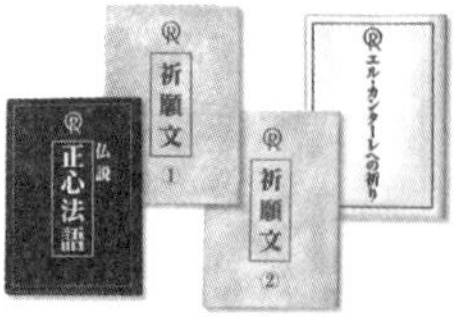


仏弟子としてさらに信仰を深めたい方は、仏・法・僧の三宝への帰依を誓う「三帰誓願式」を受けることができます。三帰誓願者には、『仏説・正心法語』『祈願文①』『祈願文②』『エル・カンターレへの祈り』が授与されます。

### 植福《しょくふく》の会

植福は、ユートピア建設のために、自分の富を差し出す尊い布施の行為です。布施の機会として、毎月1口1,000円からお申込みいただける、「植福の会」がございます。

「植福の会」に参加された方のうちご希望の方には、幸福の科学の小冊子（毎月1回）をお送りいたします。詳しくは、下記の電話番号までお問い合わせください。

月刊「幸福の科学」

ザ・伝道

ヤング・ブッダ

ヘルメス・エンゼルズ

| INFORMATION | **幸福の科学サービスセンター**<br>**TEL. 03-5793-1727**（受付時間 火～金：10～20時／土・日：10～18時）<br>宗教法人 幸福の科学 公式サイト **happy-science.jp** |
| --- | --- |